PRO WRESTLING LEAGE

क्लाईमैक्स

(50 यादगार कुश्तियां)

PRO WRESTLING LEAGE

क्लाईमैक्स

(50 यादगार कुश्तियां)

मनोज जोशी

(लेखक, पत्रकार एवं कमेंटेटर)

Lenin Media

LENIN MEDIA

Delhi

उन पहलवानों को समर्पित जिन्होंने
अपने–अपने देश का गौरव बढ़ाया

पहला संस्करण 2019
लेनिन मीडिया, दिल्ली

ISBN: 978-93-85995-73-6

लेनिन मीडिया प्रा0 लि0
204 द्वितीय तल, दुर्गा काम्पलैक्स,
सी.एस.सी मयूर विहार, फेस–2,
नई दिल्ली–110092
फोन: 9818148113
ई–मेल: leninmediapublishers@gmail.com
वेबसाइटः www.leninmedia.com

लेजर टाइपसैटिंग
प्रियंका ग्रॉफिक्स, नई दिल्ली

Printed and Bound in
Delhi
995 INR (For India) $ 20 in Foreign

विषय सूची

कुश्ती बने देश का नम्बर एक खेल

बृजभूषण शरण सिंह

भारत में कुश्तियों की पुरानी परम्परा रही है। कभी मिट्टी पर कुश्तियां लड़ी जाती थीं और फिर अंतरराष्ट्रीय कुश्तियों ने गद्दे की कुश्ती को लोकप्रिय बनाया। इसके बाद प्रो रेसलिंग लीग ने दुनिया के शीर्ष पहलवानों के बीच अच्छी कुश्तियों के साथ ग्लैमर का तड़का लगाने का काम किया। यह ऐसा आयोजन है जिसमें भारतीय पहलवानों को अंतरराष्ट्रीय कुश्तियों के लिए खुद को तैयार करने में मदद मिलती है और इसने हमारे पहलवानों में विदेशी पहलवानों का खौफ दूर करने में बड़ी भूमिका निभाई है। हमारे सभी कोच और खिलाड़ियों ने इस आयोजन को गम्भीरता से लिया है और इस लीग के हर लम्हे को सफल बनाने में जीतोड़ मेहनत की है।

आप लीग की तामझाम से प्रभावित हो सकते हैं। आप शीर्ष पहलवानों की मौजूदगी से गौरवान्वित हो सकते हैं लेकिन मेरे लिए सबसे अधिक महत्व की बात केवल और केवल कुश्तियां हैं। ऐसी कुश्तियां जो भारतीय ज़मीं पर बहुत कम देखने को मिलती हैं। पूजा ढांडा, संदीप तोमर, गीता फोगट और संगीता फोगट ने इस आयोजन में विश्व चैम्पियनों को हराकर अपने कुशल दमखम का परिचय दिया। इतना ही नहीं, हमारे काफी पहलवानों ने ओलिम्पिक और वर्ल्ड चैम्पियनशिप के पदक विजेताओं को हराकर सबका दिल जीत लिया।

पंकज राणा और प्रीतम की कुश्ती हो या फिर दीपक पूनिया और सत्यव्रत कादियान की कुश्ती, इन कुश्तियों ने सबका दिल जीत लिया। विदेशी खिलाड़ियों में मुझे सोफिया–ओडुनायो, एरिका वीब–जेनी फ्रेनसन और एलिज़बार–गाडिसोव की कुश्तियों ने काफी प्रभावित किया।

हमारा लक्ष्य अगला ओलिम्पिक है। इसी बात के मद्देनज़र फेडरेशन ने दूरगामी योजना पर काम शुरू किया है। हम चाहते हैं कि पहलवान अपना ध्यान सिर्फ अपने खेल पर केंद्रित करें, बाकी आर्थिक रूप से उन्हें मज़बूत करने का काम वह फेडरेशन पर छोड़ दें। वह जितना अच्छा प्रदर्शन करेंगे, उतने वे सम्पन्न होंगे। मुझे विश्वास है कि जल्द ही हमारे पास एक वजन में कई–कई चैम्पियन पहलवान होंगे। हम पहलवानों को ज़्यादा से ज़्यादा अंतरराष्ट्रीय अनुभव दिलाने पर केंद्रित हैं जिससे कुश्ती का खेल प्रो रेसलिंग लीग जैसे आयोजनों का लाभ उठाते हुए देश का नम्बर एक खेल बने और हम इसे अपने राष्ट्रीय खेल के रूप में पहचान दिला सकें, ऐसी हमारी दिली इच्छा है।

पुस्तक के लेखक मनोज जोशी कुश्ती पर कई पुस्तकें लिख चुके हैं। इस खेल पर उनकी कमेंट्री मैं बरसों से सुन रहा हूं। उनका यह प्रयास काबिलेतारीफ है। इससे निश्चय ही पहलवानों को प्रेरणा मिलेगी, ऐसा मेरा विश्वास है।

(लेखक भारतीय कुश्ती संघ के अध्यक्ष और सांसद हैं)

रोचक मुकाबलों ने बनाया लीग को यादगार

कार्तिकेय शर्मा

प्रो रेसलिग लीग के दो आयोजन देश में कुश्ती का माहौल बनाने में अहम रहे हैं। इस लीग को मिली रिकॉर्डतोड़ क़ामयाबी ने दिखा दिया है कि भारतीय खेल प्रेमी कुछ नया जानने को इच्छुक हैं। हमने भारतीय कुश्ती संघ के साथ मिलकर कुश्ती प्रेमियों को कुछ नया देने की कोशिश की है। इस लीग को टीवी पर करोड़ों लोगों ने देखा। लीग के दौरान स्टेडियमों में दर्शकों की काफी अच्छी उपस्थिति रही। यहां तक कि तीनों सीज़न के फाइनल मुक़ाबलों के दौरान पूरा स्टेडियम दर्शकों से खचाखच भरा हुआ था। जो लोग स्टेडियम में पहुंचकर स्टेडियम के हाउसफुल होने से मुक़ाबले नहीं देख पाये, उनके लिए मुझे खेद है।

सीजन 3 तक 50 से ज़्यादा ओलिम्पियंस, रियो ओलिम्पिक के 20 और वर्ल्ड चैम्पियनशिप के 30 पदक विजेताओं के अलावा 15 कॉन्टिनेंटल चैम्पियनों के भाग लेने से आप प्रतियोगिता के स्तर का अंदाज़ा लगा सकते हैं। इन पहलवानों की मौजूदगी ने भारतीय पहलवानों को बहुत कुछ सीखने का अवसर दिया। ओलिम्पिक या वर्ल्ड चैम्पियन अगर अपनी टीम के भारतीय खिलाड़ियों को टिप्स देता है तो उसे हमारे पहलवानों के लिए अच्छा संकेत

कहा जा सकता है। ओलिम्पिक चैम्पियन एरिका वीब तो सीज़न 2 में एक तरह से अपनी टीम के लिए कोच का ही काम कर रही थीं। इसी ज़िम्मेदारी को वर्ल्ड चैम्पियन एडलाइन ग्रे ने सीज़न 1 में और वर्ल्ड चैम्पियन पेट्राशिवली गेनो ने सीज़न 3 में बखूबी निभाया था। इसी लीग में किये कुछ प्रयोगों से पहलवानों और कोचों के सोचने समझने की शक्ति भी बढ़ी होगी। होटल से लेकर बस तक और फिर वहां से आयोजन स्थल तक विपक्षी टीम के खिलाड़ियों को ब्लॉक करने की लम्बी बहसों ने ऐसी चर्चाओं को गरमा दिया। अभी तक इस लीग के तीन सीज़न हुए हैं जिनमें कुल 392 मुक़ाबले आयोजित किये गये हैं। वैसे तो सभी मुक़ाबले कुछ न कुछ संदेश देते हैं लेकिन लीग में कुछ ऐसे मुक़ाबले भी हुए हैं जिन्हें कुश्ती प्रेमी शायद कभी न भूल पायें। यहां तक कि ऐसे मुक़ाबले दुनिया भर में चर्चा का विषय बने हैं, ऐसा मैंने सुना है। लेखक, पत्रकार और कमेंटेटर मनोज जोशी की इस पुस्तक में ऐसी ही कुछ चुनिंदा कुश्तियों का उल्लेख रोचक तरीके से किया गया है। इस पुस्तक के माध्यम से आपको लीग की यादगार कुश्तियां फिर से तरोताज़ा हो जाएंगी। इसमें कुश्ती के हर लम्हे और हर तकनीक को संजोने की कोशिश की गई है। मुझे विश्वास है कि यह पुस्तक आपको पसंद आएगी और यह संग्रहणीय साबित होगी।

(प्रो स्पोर्टीफाई के फाउंडर एवं प्रमोटर)

रोचक मुकाबलों ने बनाया कुश्ती का माहौल

कुछ साल पहले कोई सोच भी नहीं सकता था कि भारतीय ज़मीं पर कभी मौजूदा ओलिम्पिक चैम्पियन एरिका वीब और ओलिम्पिक ब्रॉन्ज़ मेडलिस्ट जेनी फ्रेनसन की कुश्ती होगी। इसी तरह पुरुषों में मौजूदा ओलिम्पिक, वर्ल्ड और यूरोपीय चैम्पियन व्लादीमिर खिनचेंगाशिवली का सामना वर्ल्ड चैम्पियनशिप के ब्रॉन्ज़ मेडलिस्ट एडनबार बेखबयार से और सीज़न 1 में वर्ल्ड चैम्पियन ओक्साना हरहेल का सामना पूर्व वर्ल्ड चैम्पियन यूलिया राटकेविच से होगा। इसी तरह वर्ल्ड चैम्पियनशिप की सिल्वर मेडलिस्ट सोफ़िया मैटसन उसी चैम्पियनशिप की ब्रॉन्ज़ मेडलिस्ट ओडुनायो से और रियो ओलिम्पिक की सिल्वर मेडलिस्ट मारिया स्टैडनिक इन्हीं खेलों की ब्रॉन्ज़ मेडलिस्ट एलित्सा यानकोवा से भिड़ेंगी और सीजन 1 में वर्ल्ड चैम्पियन एडलाइन ग्रे के सामने ओलिम्पिक ब्रॉन्ज़ करीब से चूकने वाली वैसिलिसा मारजाल्यूक होंगी और इनकी कुश्तियों की साक्षी हज़ारों की संख्या में भारतीय कुश्ती प्रेमी जनता होगी। जी हां, यह सब साकार हुआ प्रो रेसलिंग लीग के मंच पर, जहां यादगार कुश्तियों ने सबका दिल जीत लिया।

वैसे भारत में हुई एशियाई चैम्पियनशिप के कुल सात आयोजनों में भारतीय कुश्ती प्रेमी जनता लुधियाना, मुम्बई और नई दिल्ली में विश्व स्तरीय कुश्तियों का लुत्फ उठा चुकी है लेकिन वहां न तो यूरोपीय पहलवान थे और न ही अमेरिका और रूस सहित गैर एशियाई देशों के पहलवान थे। 2010 में कॉमनवेल्थ गेम्स में भी अगर पहलवानों का जमावड़ा नई दिल्ली में लगा तो वहां भी ईरान, जॉर्जिया, जापान, चीन, पूर्व सोवियत देश और अमेरिकी महाद्वीप के पहलवान नहीं थे। ले देकर भारतीय पहलवानों का मुकाबला कनाडा और महिलाओं में नाइजीरिया जैसे देशों के पहलवानों से ही पड़ा। वर्ल्ड चैम्पियनशिप की मेजबानी में भारत पीछे ही रहा है। केवल 1967 में

नई दिल्ली के नैशनल स्टेडियम में इसका आयोजन हुआ था, जहां दुनिया भर के आला दर्जे के पहलवानों ने शिरकत की थी। जहां विशम्भर सिंह ने सिल्वर मेडल जीतकर भारत के लिए एक यादगार लम्हा जुटाया था लेकिन उसके बाद से विश्व स्तर के कुश्ती के आयोजन को लेकर 48 साल लग गए और भारतीय कुश्ती प्रेमियों का दुनिया के ओलिम्पिक और वर्ल्ड चैम्पियनों को अपने सामने लड़ते देखने का सपना पूरा हो गया।

ऐसी स्थिति में अगर कोई भारतीय पहलवान दुनिया के इन शीर्ष पहलवानों को हराता है तो वह न सिर्फ भारतीय कुश्ती प्रेमियों का लाड़ला बन जाता है बल्कि पूरी दुनिया में उसका डंका बजने लगता है। ऐसा प्रो रेसलिंग लीग में हुआ, जहां इसके आयोजन के एक ही सीज़न में कुल 19 ओलिम्पियन पहलवानों ने शिरकत की जिनमें 12 महिला और सात पुरुष खिलाड़ी शामिल थे। इतना ही नहीं, इन 19 पहलवानों में से 11 पहलवान रियो ओलिम्पिक के पदक विजेता थे। दो वर्ल्ड चैम्पियनों सहित कुल 9 पहलवान वर्ल्ड चैम्पियनशिप के पदक विजेता थे और सात महाद्वीपीय चैम्पियन पहलवानों की मौजूदगी में यह आयोजन दुनिया का सबसे बड़ा आयोजन बन गया था। यूनाइटेड वर्ल्ड रेसलिंग के अध्यक्ष नेनाद लालोविच ने भी 2017 की एशियाई चैम्पियनशिप के दौरान नई दिल्ली आकर प्रो रेसलिंग लीग के आयोजन की सराहना की और उन्होंने इसे विश्व कुश्ती का एक अहम आयोजन माना। उन्होंने इसके ग्लोबल स्तर पर और विस्तार किए जाने की आवश्यकता पर बल दिया।

राजधानी दिल्ली के के. डी जाधव रेसलिंग हॉल में यूं तो कुश्ती के अनेक आयोजन हो चुके हैं लेकिन यह आयोजन स्थल और कुश्ती प्रेमी जनता 27 दिसम्बर 2015, 19 जनवरी, 2017 और 26 जनवरी, 2018 की तारीखों को शायद ही कभी भूल पाए। 27 दिसम्बर को रेवांता मुम्बई गरुड़ और हरियाणा हैमर्स के बीच पीडब्ल्यूएल सीज़न 1 का फाइनल मुकाबला था। स्टेडियम मुकाबले शुरू होने से पहले ही दर्शकों से खचाखच भर चुका था। हैरानगी की बात यह थी कि जितने दर्शक उस समय स्टेडियम के अंदर थे, उतने ही स्टेडियम के बाहर थे। पुलिस सहित सुरक्षा कर्मियों से भीड़ काबू में नहीं आ

पा रही थी। यहां तक कि कई फ्रेंचाइज़ी ओनर तक स्टेडियम में प्रवेश नहीं कर पाए थे और आयोजकों की तमाम कोशिशों के बाद ही उन्हें बमुश्किल स्टेडियम में प्रवेश मिल पाया था।

19 जनवरी 2017 को भी यह स्थिति दोबारा आई। इस बार सीज़न 2 का फाइनल मुकाबला था, जो एनसीआर पंजाब रॉयल्स और हरियाणा हैमर्स की टीमों के बीच खेला गया था। इस बार मुख्य द्वार के बाहर कुश्ती प्रेमी भारी संख्या में कतारबद्ध स्टेडियम में प्रवेश का इंतज़ार कर रहे थे। कुछ ऐसा ही नज़ारा अक्सर राजधानी दिल्ली के फ़ीरोजशाह कोटला मैदान के बाहर वन–डे मैचों के दौरान देखने को मिलता है। उस समय काफी संख्या में नन्हे मुन्ने बच्चे और उत्साही युवा चेहरे पर पेंट करा रहे थे। कोई चेहरे पर तिरंगा बनाने में व्यस्त था तो कोई कुश्ती मुकाबलों के दौरान तिरंगा फहराने को आतुर था। सीजन 3 के फाइनल की शाम को भी यही नज़ारा था। 26 जनवरी, 2018 को सीरीफोर्ट इंडोर स्टेडियम मुकाबले के काफी पहले पूरी तरह

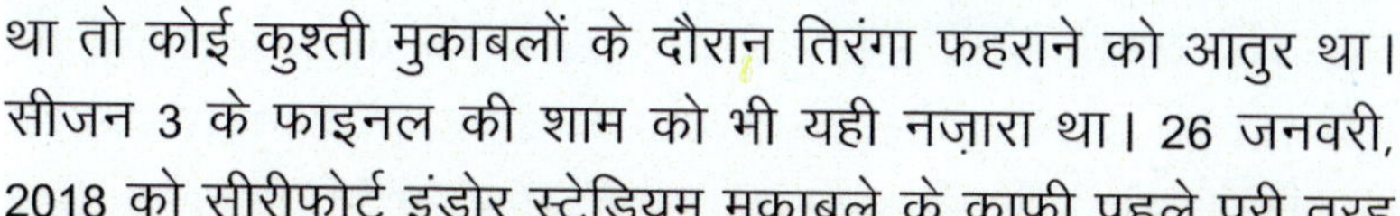

से भर चुका था। इस बार भी हरियाणा और पंजाब के बीच मुकाबला था। पंजाब रॉयल्स ने लगातार दूसरे वर्ष हरियाणा हैमर्स के प्रशंसको का दिल तोड़ दिया। उस वक्त ऐसा लग रहा था कि भारत का राष्ट्रीय खेल कोई और नहीं, केवल कुश्ती होना चाहिए। इसके आयोजनकर्ता भारतीय कुश्ती संघ और प्रो स्पोर्टीफाई को इस आयोजन के लिए बधाई। बहरहाल इस पुस्तक में प्रो रेसलिंग लीग की कुछ यादगार कुश्तियों के एक–एक पल को संजोया गया है, जिसमें न सिर्फ उलटफेर हैं बल्कि कुछ ऐसी कुश्तियां भी हैं, जहां पहलवानों ने हारी हुई बाज़ी को पलट दिया है। पीडब्ल्यूएल के पहले सीज़न में 128 कुश्तियां लड़ी गईं और दूसरे सीज़न में 132 कुश्तियां। यानी कुल 260 कुश्तियां लड़ी गईं। इनमें से तकरीबन 30 कुश्तियों का चयन बड़े उलटफेर और पहलवानों के हारते–हारते कुश्ती जीतने या जीतते–जीतते कुश्ती हारने के आधार पर किया गया है।

भारतीय कुश्ती संघ के अध्यक्ष बृजभूषण शरण सिंह और प्रो स्पोर्टीफाई के फाउंडर एवं प्रमोटर कार्तिकेय शर्मा के प्रयासों से ही इस लीग का शानदार आयोजन सम्भव हो सका है, जिससे पहलवानों को न सिर्फ दुनिया के चोटी के पहलवानों के बीच अपना सर्वश्रेष्ठ प्रदर्शन करने के लिए एक मंच मिला बल्कि लीग ने उन्हें आर्थिक रूप से भी सम्बल दिया। आयोजकों की कोशिश यही थी कि पहलवान इस एक्सपोज़र का लाभ उठाकर अपना सर्वश्रेष्ठ प्रदर्शन करें और इस मंच से मिले अनुभव का लाभ अंतरराष्ट्रीय प्रतियोगिताओं में उठाकर देश का परचम दुनिया भर में लहरायें। ओलिम्पिक पदक विजेता योगेश्वर दत्त से लेकर साक्षी मलिक की इस प्रतियोगिता में भागीदारी आयोजन में चार चांद लगाने जैसी है। मुझे विश्वास है कि जिन पहलवानों की कुश्तियों को इसमें शामिल किया गया है, वह अपने शानदार खेल के सिलसिले को आगे भी बरकरार रखेंगे और ओलिम्पिक और वर्ल्ड

चैम्पियनों से सीख लेकर अपनी कला को चमकाएंगे। जिन पहलवानों की कुश्तियों को इसमें स्थान नहीं मिल सका है, उन्हें निराश होने की ज़रूरत नहीं है। इसके पीछे कुछ तकनीकी कारण हैं लेकिन जो पहलवान इन मुकाबलों में कोई भी कुश्ती नहीं जीत पाए हैं या फिर अपेक्षाओं के अनुकूल प्रदर्शन नहीं कर पाए हैं, उन्हें भी इस मंच से लड़ी गई यादगार कुश्तियों से प्रेरणा मिलेगी, ऐसा मेरा विश्वास है। पहलवानों के प्रति अपनी गहन आस्था और सम्मान के साथ यह पुस्तक आपके हाथों में सौंप रहा हूं। इस उम्मीद के साथ कि यह पुस्तक पहलवानों, कोचों, टीम मालिकों और कुश्ती प्रेमियों के लिए उपयोगी साबित होगी। आपके सुझावों और आलोचना का स्वागत है....पूरी खेल भावना के साथ।

— लेखक

मैट पर कोई रिश्ता-नाता नहीं

सीज़न 1 में कुछ मुकाबले ज़्यादा चर्चा का विषय बने। लंदन ओलिम्पिक के मेडलिस्ट और 2014 के एशियाई खेलों के गोल्ड मेडलिस्ट योगेश्वर दत्त और मौजूदा एशियाई चैम्पियन बजरंग पूनिया बरसों से एक साथ अभ्यास करते रहे हैं। योगेश्वर उम्र में बड़े हैं और दोनों ने अपने करियर की शुरुआत छत्रसाल स्टेडियम से की। गुरु भाई होने और आपसी समझबूझ होने से दोनों में नज़दीकी थी। योगेश्वर उन्हें अपने छोटे भाई की तरह कुश्ती के गुर बताते थे और बजरंग भी उनसे बखूबी सीखते थे। दोनों के बीच कब गुरु–शिष्य का रिश्ता बन गया, इसका अंदाजा न योगेश्वर को था और न ही बजरंग को लेकिन दुनिया की नज़र में वह गुरु–शिष्य बन चुके थे।

पीडब्ल्यूएल सीज़न 1 में योगेश्वर हरियाणा हैमर्स के लिए चुने गए जबकि बजरंग बैंगलुरु योद्धा के लिए। इस मुकाबले में दोनों के बीच केवल एक अंक का अंतर रहा। योगेश्वर ने मुकाबला जीतकर हरियाणा हैमर्स की जरूर बल्ले–बल्ले कर दी लेकिन वह इस मुकाबले में बजरंग के प्रदर्शन से संतुष्ट नहीं थे। उनका कहना था कि बजरंग को मुकाबले के दौरान और अच्छा लड़ना चाहिए था और अगर वह उन्हें हराते तो उन्हें और खुशी होती। वाकई... इसे कहते हैं खेल भावना।

21 दिसम्बर को महिलाओं के 48 किलो वर्ग में विनेश फोगट का मुकाबला रितु फोगट से हुआ। रितु विनेश की ताऊ की लड़की हैं और दोनों ने लम्बे समय तक साथ अभ्यास किया है। 21 दिसम्बर को हुए दिल्ली–मुम्बई मुकाबले में विनेश ने रितु के खिलाफ कोई रियायत नहीं बरती और वह जीत के लिए चैम्पियन की तरह टूट पड़ीं। इस मुकाबले में रितु अपने अंकों का खाता भी नहीं खोल पाईं जबकि विनेश ने आठ अंक बटोरे। कई राष्ट्रीय स्तर के मुकाबलों और अंतरराष्ट्रीय मुकाबलों के ट्रायल में भी इन दोनों के बीच मुकाबले हुए और करीब–करीब हर बार विनेश बड़े अंतर से जीतीं।

इसी तरह 13 दिसम्बर को सीज़न 1 के दौरान प्रियंका फोगट और बबीता के बीच मुकाबला हुआ। दोनों सगी बहने हैं। प्रियंका सीडीआर पंजाब रॉयल्स की ओर से थीं जबकि बबीता यूपी वॉरियर्स की ओर से चुनौती रख रही थीं। इस मुकाबले में स्कोर मध्यांतर तक 2–2 से बराबर था। मुकाबला समाप्त होने से 22 सेकंड पहले प्रियंका ने बबीता के चार के स्कोर की बराबरी कर ली। उस समय ऐसा लग रहा था कि प्रियंका आखिरी अंक के आधार पर विजयी रहेंगी लेकिन मुकाबला समाप्त होने से केवल सात सेकंड पहले बबीता ने गधालोट लगाकर बाजी को पलट दिया और 6–4 से यह मुकाबला अपने नाम किया। इस जीत से उन्होंने अपनी साख को भी बचा लिया क्योंकि उन्होंने अंतरराष्ट्रीय स्तर पर कई यादगार लम्हे भारत के लिए जुटाये हैं और वह पिछड़ने के बाद शानदार वापसी करने के लिए जानी जाती हैं।

सीज़न 2 में बबीता और संगीता के बीच मुकाबले को भी अच्छी टीवी रेटिंग मिली। बबीता यूपी दंगल टीम से थीं और संगीता कलर्स दिल्ली सुल्तांस से। बाबा रामदेव और ओलिम्पिक मेडलिस्ट आंद्रेई स्टैडनिक के बीच हुए नुमाइशी मुकाबले के बाद यही एक ऐसा मुकाबला था, जिसको सबसे ज़्यादा टीवी पर देखा गया। बबीता अंतरराष्ट्रीय कुश्तियों की धाकड़ गर्ल थी जबकि संगीता को अपनी पहचान बनाने का इंतज़ार था। वह फोगट परिवार की सबसे छोटी बेटी हैं। उन्हें अपनी बड़ी बहन से भिड़ते देखना हर किसी को अच्छा लगा।

हालांकि मुकाबले का परिणाम वही हुआ, जिसकी उम्मीद थी। बबीता ने संगीता को हाफ टाइम में 4–2 की बढ़त के बाद 6–4 से हराया। यह मुकाबला 15 जनवरी को नई दिल्ली के के. डी. जाधव हॉल में खेला गया।

इस तरह गुरु–चेला और बहनों की जंग ने दिखा दिया कि ये रिश्ते मैट के बाहर होते हैं। एक बार मैट पर आने के बाद रिश्ते का कोई असर मैट पर दिखाई नहीं देता।

मैट पर सामने वाला सिर्फ और सिर्फ प्रतिद्वंद्वी होता है

सीज़न - 1

WINNER
PRO WRESTLING LEAGUE
Dabur
Chyawanprash
PRO WRESTLING LEAGUE
POWERED BY

खेल फ़ौलादी

प्रो रेसलिंग लीग... सीज़न 1

प्रो रेसलिंग लीग के सीज़न 1 में पहलवानों की कुश्तियों ने सबका दिल जीत लिया। इसमें दुनिया के दिग्गज पहलवानों की कुश्तियां जहां मुख्य आकर्षण थीं, वहीं भारतीय पहलवानों ने अपने शानदार प्रदर्शन से सबका दिल जीत लिया। इन पहलवानों ने कुछ ऐसे यादगार मुकाबले जीते, जिन्हें कुश्ती प्रेमी शायद ही कभी भूल पायें।

इस बार कई भारतीय पहलवानों ने दुनिया के दिग्गज पहलवानों को कुछ इस तरह शिकस्त दी कि उसे देखकर ऐसा लगा जैसे भारतीय पहलवानों में दुनिया का हर मुकाम हासिल करने की क्षमता है। इतना ही नहीं, जिन पहलवानों की राष्ट्रीय स्तर पर कोई विशिष्ट पहचान नहीं थी, उन्हें भी पीडब्ल्यूएल के मंच ने ऐसी पहचान दी कि देश का बच्चा–बच्चा इनके नाम से वाकिफ हो गया। शायद इसी का परिणाम था कि हमारे पहलवानों ने इस सीजन में विश्व स्तर का प्रदर्शन किया। सबसे बड़ा उलटफेर गीता फोगट ने किया। उन्होंने वर्ल्ड चैम्पियन यूक्रेन की ओक्साना हरहेल को लीग मुकाबले में हराकर सनसनी फैला दी। वह बात अलग है कि बाद में ओक्साना ने सेमीफाइनल में गीता को हराकर लीग मुकाबले की अपनी हार का हिसाब चुकता कर लिया।

2013 के एशियाई चैम्पियन अमित धनकड़ ने वर्ल्ड चैम्पियनशिप के सिल्वर मेडलिस्ट उज्बेकिस्तान के नवरूज़ोव इख्तियोर को हराकर जहां बड़ा उलटफेर किया, वहीं नरसिंह यादव ने वर्ल्ड चैम्पियनशिप के सिल्वर मेडलिस्ट पुरविजे उनूरबात से उस हार का भी हिसाब चुकता कर लिया, जो उन्हें उसी वर्ष वर्ल्ड चैम्पियनशिप में मिली थी। फर्क केवल इतना था कि लास वेगास में हुई उस वर्ल्ड चैम्पियनशिप में स्कोर 4–4 था, जिसमें आखिरी अंक गंवाने के आधार पर नरसिंह पराजित हुए थे लेकिन यहां उन्होंने 9–1 से हिसाब चुकता किया। इतना ही नहीं, नरसिंह ने क्यूबा के लीवान लोपेज को 8–5 से हराया जबकि लीवान लोपेज ने 2012 के लंदन ओलिम्पिक में ब्रॉन्ज़ मेडल हासिल किया था। 74 किलो में ही

प्रवीण राणा ने 2015 की वर्ल्ड चैम्पियनशिप के सिल्वर मेडलिस्ट मंगोलिया के पुरविजे उनूरबात को 4–4 से हराकर उलटफेर किया। आखिरी अंक जीतने के आधार पर प्रवीण मुकाबले को अपने पक्ष में करने में सफल रहे। उसी दिन रजनीश ने 65 किलो वर्ग में मंगोलिया के उन गैनजोरिग मंदाकरनन को हराकर उलटफेर किया जो न सिर्फ एशियाई खेलों का गोल्ड मेडल जीत चुके थे बल्कि दो मौकों पर वर्ल्ड चैम्पियनशिप के पदक भी उनके नाम थे। इसी तरह बबीता ने वर्ल्ड चैम्पियनशिप की मौजूदा ब्रॉन्ज़ मेडलिस्ट यूक्रेन की तात्याना किट को हराकर उलटफेर किया।

इस मुकाबले को कुश्ती प्रेमी शायद ही कभी भूल पाएं क्योंकि बबीता ने यह मुकाबला 0–6 से पिछड़ने के बाद अपने नाम किया था। 58 किलोग्राम वर्ग में सरिता ने वर्ल्ड चैम्पियनशिप की ब्रॉन्ज़ मेडलिस्ट तुर्की की येसिलरमेक एलिफ जेल को 1–0 से हराकर सनसनी फैला दी। रितु फोगट ने 2013 की वर्ल्ड चैम्पियनशिप की ब्रॉन्ज़ मेडलिस्ट अलीशा लैम्पे को हराकर उलटफेर किया और पूर्व वर्ल्ड चैम्पियन यूलिया राटकेविच ने 2015 की वर्ल्ड चैम्पियन ओक्साना हरहेल को एकतरफा अंदाज़ में हराया। इतना ही नहीं, जूनियर राष्ट्रीय चैम्पियन दिनेश ने सीनियर राष्ट्रीय चैम्पियन प्रदीप को हराकर सबको चौंका दिया। वहीं महिलाओं के सबसे बड़े वजन वर्ग में गीतिका जाखड़ नवजोत कौर के खिलाफ उलटफेर का शिकार होते–होते बचीं क्योंकि दोनों का स्कोर बराबर था। यह सीज़न एक तरह से साक्षी मलिक के करियर के लिए भी टर्निंग पॉइंट साबित हुआ। इस सीज़न में वर्ल्ड चैम्पियन ओक्साना हरहेल से 4–4 से मुकाबला लड़ना उनकी दिलेरी को ही दिखाता है। 58 किलो वजन की धाकड़ गर्ल गीता फोगट लीग के पहले ही दिन जब उनके सामने आईं तो उन्होंने 8–8 से मुकाबला लड़कर उनके खिलाफ मुकाबले का बड़ा उलटफेर करके सबको चौंका दिया और यह साबित कर दिया कि वह अपने फन की फनकार हैं और अब वह पहले जैसी साक्षी नहीं रहीं। इन दो मुकाबलों ने उनके अंदर छिपे धाकड़ अंदाज़ को उजागर कर दिया था और उनसे विश्व स्तर पर पदक जीतने की उम्मीदें जगने लगी थीं, जिसे उन्होंने रियो ओलिम्पिक में पूरा कर दिखाया।

उसके बाद प्रो स्पोर्टीफाई के एक आयोजन में उन्होंने स्वीकार किया कि प्रो रेसलिंग लीग ने उनके करियर को एक नया आयाम देने में अहम योगदान दिया है। यहां कुछ ऐसी ही रोचक कुश्तियों का उल्लेख किया जा रहा है, जिन्होंने इन मुकाबलों में समां बांध दिया या यह कहिए कि लीग के आयोजन में चार चांद लगा दिये।

याना रैटिगन (पंजाब रॉयल्स) Vs अलीसा लैम्पे (बैंगलुरु योद्धा)
गीता फोगट (पंजाब रॉयल्स) Vs साक्षी मलिक (रेवांता मुम्बई महारथी)
बबीता (यूपी वॉरियर्स) Vs तात्याना किट (हरियाणा हैमर्स)
गीता फोगट (पंजाब रॉयल्स) Vs ओक्साना हरहेल (हरियाणा हैमर्स)
लिलिया होरिश्ना (दिल्ली वीर) Vs बबीता फोगट (पंजाब रॉयल्स)
प्रवीण राणा (पंजाब रॉयल्स) Vs पुरविजे उनूरबात (यूपी वॉरियर्स)
नरसिंह यादव (बैंगलुरु योद्धा) Vs पुरविजे उनूरबात (यूपी वॉरियर्स)
अमित धनकड़ (रेवांता पंजाब रॉयल्स) Vs नवरूज़ोव (दिल्ली वीर)
गीता फोगट (पंजाब रॉयल्स) Vs यूलिया राटकेविच (बैंगलुरु योद्धा)
योगेश्वर दत्त (हरियाणा हैमर्स) Vs नवरूज़ोव इख्तियोर (दिल्ली वीर)
येसिलरमेक एलिफ़ जेल (दिल्ली वीर) Vs सरिता (यूपी वॉरियर्स)
रितु फोगट (रेवांता मुम्बई गरुड़) Vs अलीसा लैम्पे (बैंगलुरु योद्धा)
निर्मला देवी (हरियाणा हैमर्स) Vs याना रैटिगन (पंजाब रॉयल्स)
मौसम खत्री (पंजाब रॉयल्स) Vs पावलो ओलिनिक (बैंगलुरु योद्धा)
लीवान लोपेज (हरियाणा हैमर्स) Vs नरसिंह यादव (बैंगलुरु योद्धा)
रजनीश (पंजाब रॉयल्स) Vs गैनज़ोरिग मंदाकरनन (यूपी वॉरियर्स)
प्रदीप (रेवांता मुम्बई गरुड़) Vs दिनेश (दिल्ली वीर)
गीतिका जाखड़ (हरियाणा हैमर्स) Vs नवजोत कौर (बैंगलुरु योद्धा)
ओक्साना हरहेल (हरियाणा हैमर्स) Vs यूलिया राटकेविच (बैंगलुरु योद्धा)
कृष्ण कुमार (दिल्ली वीर) Vs जोगिंदर (यूपी वॉरियर्स)

एक मुकाबले में ही बने कुल 38 अंक

टीम	: पंजाब रॉयल्स Vs बैंगलुरु योद्धा
मुक़ाबला	: याना रैटिगन Vs अलीसा लैम्पे
फेज़ (चरण)	: लीग
वजन	: 48 किलो
रेफरी	: जुआंग दावून (कोरिया)
सीज़न	: 1
दिनांक	: 20 दिसम्बर, 2015

अमेरिका की अलीसा लैम्पे और यूक्रेन मूल की ब्रिटेन की ओर से भाग ले रही याना रैटिगन के बीच नोएडा स्टेडियम में हुई भिड़ंत इतिहास के पन्नों में दर्ज हो गई। एक ऐसी भिड़ंत में दोनों ओर से अंक बारिश की तरह बरस रहे थे। मुझे याद नहीं पड़ता कि इससे पहले भारतीय ज़मीं पर कोई ऐसा मुकाबला हुआ होगा, जिसमें कुल 38 अंक बने होंगे।

अलीसा लैम्पे ने 2013 की वर्ल्ड चैम्पियनशिप में ब्रॉन्ज़ मेडल हासिल किया था, जबकि याना रैटिगन को ग्लास्गो कॉमनवेल्थ गेम्स के 48 किलोग्राम वर्ग में सिल्वर मेडल हासिल हुआ था। उनके फाइनल के मुकाबले को भारतीय कुश्ती प्रेमी शायद ही कभी भूल पाएं। इसमें विनेश फोगट ने उन्हें फाइनल में हराया था। इससे पहले यूरोपीय चैम्पियनशिप में वह दो सिल्वर मेडल अपने नाम कर चुकी थीं।

मुक़ाबला शुरू होते ही याना ने डबल लेग अटैक करने के साथ ही अलीसा को ऊपर उठाया और फिर गिराने के साथ ही दांव उलटा पड़ता देख बांगड़ी लगा दी और फिर इसी दांव को दोबारा लगाकर बढ़त को 4–0 कर दिया। इसके बाद अलीसा ने पहले सिंगल लेग अटैक पर अंतर कम किया और फिर उसी दांव पर दो अंक और बटोरकर स्कोर बराबर कर दिया। अलीसा ने दो बार भारंदाज आधी पोजीशन में लगाकर स्कोर को 8–4 कर दिया। फिर पट लगाकर गिराने के साथ ही उन्होंने अपनी बढ़त को 10–4 कर दिया और पीछे आकर पोजीशन लेते ही यह

तू डाल–डाल मैं पात–पात.... अमेरिका की अलीसा लैम्पे और इंग्लैंड की याना रैटिगन (काली पोशाक)

बढ़त 12–4 की हो गई। इस फैसले के खिलाफ पंजाब रॉयल्स प्रबंधन ने विरोध दर्ज किया। राज सिंह, किम और वी. एन. प्रसूद के रूप में जूरी सदस्यों ने फैसले को बदलकर याना के पक्ष में दो अंक दिए। यहीं से याना ने पहले कलाजंग से दो अंक जुटाये और फिर गिरते ही बांगड़ी लगाकर अंतर को 10–14 कर दिया। वह इस बांगड़ी दांव पर अलीसा को डेंजर पोज़ीशन पर ले आई थीं। इस तरह पहला राउंड समाप्त होने पर अलीसा 14–10 से आगे थीं। दूसरे राउंड में अलीसा ने डबल लेग अटैक से स्कोर को 16–10 किया। अब बारी याना की थी। वह भी शांत बैठने वालों में नहीं थीं। उन्होंने डबल लेग अटैक के बाद अलीसा के ऊपर से आक्रमण किया और फिर पीछे आकर वह दो अंकों से ही संतुष्ट हो गईं और स्कोर को उन्होंने 12–16 कर दिया। इसके बाद याना ने भारंदाज के लिए बाजुओं के बाहर से पकड़ बनाई और इसे अंजाम तक पहुंचाकर स्कोर को 14–16 कर दिया। इस तकनीक पर अलीसा ब्रिज की पोज़ीशन पर किसी तरह खतरा टाल पाई। अलीसा को उस समय फंसते हुए देखकर 2011 की उस कुश्ती की याद ताजा हो आई जब एडलाइन ग्रे ऐसे ही एक दांव पर भारत की नवजोत कौर के सामने फंस गई थीं और उन्होंने कुछ इसी अंदाज़ में खुद को चित होने से बचाया था। मुकाबले के आखिरी मिनट के शुरू होते ही याना ने डबल लेग अटैक किया।

अलीसा अंतर को बेहद कम होते देख सकपका गईं और उन्होंने सिंगल लेग अटैक पर याना को बखूबी गिराकर चार अंक हासिल कर लिए। इस तरह उनके पक्ष में स्कोर 20–14 हो गया। इसके बाद याना के एक डबल लेग अटैक पर अलीसा ने याना को कूल्हों से पकड़कर गिराया और गिराने के साथ ही वह 22–14 की बढ़त बनाने में कामयाब हो गईं। इस तरह याना को हराने के लिए अलीसा को अब केवल दो अंकों की दरार थी। आखिरी क्षणों में अलीसा ने डबल लेग अटैक किया और थोड़ी मशक्कत के बाद वह याना के घुटने मैट पर लगाने में सफल हो गईं और पीछे आकर उन्होंने मुकाबले को 24–14 से समाप्त कर दिया। विश्व कुश्ती में ऐसे उदाहरण आपको शायद ही देखने में मिलें जिसमें तकनीकी फॉल से हारने वाला पहलवान 14 अंक जुटाने में सफल रहा। बेशक मुकाबला दो विदेशी बालाओं के बीच था लेकिन इसमें कई हिंदुस्तानी दांव लगे और भारतीय कुश्ती प्रेमी जनता अपने और पराये के भेद को भुलाकर दोनों के मुकाबले में एक तरह से खो गई थी। वे इस मुकाबले को शायद ही कभी भूल पायें।

गीता पर जीत साक्षी के लिए टर्निंग प्वाइंट साबित हुई

प्रोटेस्ट पर प्रोटेस्ट....प्रोटेस्ट न हुए कोर्ट की तारीख़ हो गये

टीम	: पंजाब रॉयल्स Vs रेवांता मुम्बई गरुड़
मुक़ाबला	: गीता Vs साक्षी मलिक
फेज़ (चरण)	: लीग
वजन	: 58 किलो
रेफरी	: अजित मान
सीज़न	: 1
दिनांक	: 10 दिसम्बर, 2015

यह पंजाब रॉयल्स और रेवांता मुम्बई गरुड़ के बीच प्रो रेसलिंग लीग के सीज़न 1 का पहले दिन का मुकाबला था। गीता पंजाब की आइकन खिलाड़ी थीं और मुम्बई की आइकन खिलाड़ी 75 किलो की वर्ल्ड चैम्पियन एडलाइन ग्रे थीं। ये दोनों खिलाड़ी टॉस के लिए आईं। इस दिन गीता का मुकाबला साक्षी मलिक से था। गीता अनुभवी थीं और साक्षी उभरती हुई खिलाड़ी थीं। इन दोनों खिलाड़ियों के बीच बड़े अंतर का अंदाज़ा इसी से लगाया जा सकता था कि गीता को पंजाब टीम ने 33 लाख रुपये में अपनी टीम में लिया था और उन्हें अपनी टीम की कमान भी सौंपी थी लेकिन वहीं साक्षी को मुम्बई टीम ने 12.90 लाख रुपये में अपनी टीम में शामिल किया था। उन दिनों साक्षी की कोई खास पहचान नहीं थी। इन दोनों में गीता के नाम बड़ी उपलब्धियां दर्ज थीं। खासकर वर्ल्ड चैम्पियनशिप का ब्रॉन्ज़ उनकी सबसे बड़ी उपलब्धि थी और वह 2010 के कॉमनवेल्थ गेम्स में गोल्ड मेडल जीत चुकी थीं जबकि साक्षी 2015 की एशियाई चैम्पियनशिप में ब्रॉन्ज़ मेडल जीत चुकी थीं और उन्होंने ग्लास्गो मे कॉमनवेल्थ गेम्स में सिल्वर मेडल हासिल हुआ था।

जिस समय यह मुकाबला शुरू हुआ, उस समय मुम्बई की टीम 3–2 से आगे थी। मुम्बई के लिए ओडुनायो, एडलाइन और एलिज़बार ओदिकाद्ज़े अपने मुकाबले जीत चुके थे, जबकि पंजाब के लिए व्लादीमिर और प्रवीण राणा ने जीत हासिल की थी। इस मुकाबले में पंजाब की टीम को इस बात की उम्मीद थी कि अनुभवी गीता साक्षी को हराकर इस मुकाबले को बराबरी पर ले आएंगी। पहले मिनट में दोनों की ओर से एक–एक मौके पर आक्रामकता देखने को मिली। साक्षी सिंगल लेग अटैक और गीता धोबी लगाने के प्रयास करती दिखीं लेकिन ये प्रयास उनके एक्शन से आगे नहीं बढ़ पाये। आखिरकार साक्षी ने सवा दो मिनट में पैसिविटी टाइम के दौरान डबल लेग अटैक करके दो अंक हासिल कर लिये। उस समय मुकाबला रेड ज़ोन पर आ चुका था। यहीं से साक्षी ने भारंदाज लगा दिया, जिससे गीता प्रोटेक्शन जोन में जाकर गिरी, मगर इस पर कोई अंक नहीं दिया गया। मुम्बई ने इस फैसले के खिलाफ विरोध दर्ज किया, जिसे स्वीकार नहीं किया गया।

पहले रांउड से ठीक पहले साक्षी ने डबल लेग अटैक पर गीता को सीधे डेंजर पोज़ीशन पर गिराया लेकिन वहीं गीता ने भी मौका देखते ही साक्षी को दबा दिया। इस पर रेफ़री अजित मान ने गीता के पक्ष में स्कोर दिया, जिससे स्कोर 4–4 से बराबर हो गया। मुम्बई टीम ने इसका विरोध दर्ज कराया, जिसे राजसिंह, वी. एन. प्रसूद और अनुज चौधरी की जूरी ने स्वीकार करते हुए गीता के दो अंकों की कटौती कर दी और स्कोर साक्षी के पक्ष में 4–2 हो गया। पांच मिनट के बाद गीता ने खपचड़े से साक्षी को गिराकर दो अंक हासिल किये। इन दो अंकों से गीता का आत्मविश्वास बढ़ा।

आखिरी मिनट में साक्षी के सिंगल लेग अटैक पर गीता ने उन्हें दबा दिया। गीता का यह हमला इतना तेज़तर्रार था कि साक्षी बमुश्किल खुद को चित होने से बचा पाईं। उस समय गीता के पक्ष में स्कोर 8–6 हो गया। उस समय गीता के चेहरे से चिंता की लकीरें भी गायब होती दिखीं। अब उन्हें लगने लगा था कि इस मुकाबले में वह उलटफेर नहीं होने देंगी। जब खेल समाप्त होने में केवल 12 सेकंड बाकी थे, तब साक्षी खेमे करके पीछे आईं और

उन्होंने दो अंक बटोरकर 8–8 से बराबरी कर ली। नियमानुसार उन्होंने आखिरी अंक हासिल किया था, इस आधार पर वह विजयी रहीं। इस बार पंजाब टीम ने विरोध दर्ज किया, मगर उनके विरोध को खारिज कर दिया गया। उस समय अयाज़ मेमन और रमन भनोट के साथ कमेंट्री कर रहे नवजोत सिंह सिद्धू की यह टिप्पणी काफी चर्चित हुई – तारीख़ पर तारीख़. ...तारीख़ पर तारीख़ को हम अगर कहें कि प्रोटेस्ट पर प्रोटेस्ट....प्रोटेस्ट पर प्रोटेस्ट....काबिलेगौर रही। जब मुकाबले के रेफरी अजित मान ने दोनों पहलवानों को विजय की घोषणा के लिए बुलाया तो गीता को समझ नहीं आ रहा था कि उनकी टीम के प्रोटेस्ट का आखिर क्या हुआ और वहीं साक्षी की खुशी का ठिकाना नहीं था। सच तो यह है कि यह जीत साक्षी के करियर का एक टर्निंग पॉइंट साबित हुई और इसके बाद उन्होंने पीछे मुड़कर नहीं देखा।

0–6 के बाद जीत..... बबीता ने यूक्रेन की तात्याना किट को अपने चिर–परिचित अंदाज़ में शिकस्त दी

दूसरे राउंड के शानदार खेल से हारी बाज़ी पलटी

टीम	: यूपी वॉरियर्स Vs हरियाण हैमर्स
मुक़ाबला	: बबीता Vs तात्याना किट
फेज़ (चरण)	: लीग
वजन	: 53 किलो
रेफरी	: अजित मान
सीज़न	: 1
दिनांक	: 19 दिसम्बर, 2015

यूपी वॉरियर्स और हरियाणा हैमर्स के बीच जब बबीता और तात्याना किट की भिड़ंत शुरू हुई तो दोनों के रिकॉर्ड खंगाले जा रहे थे। दरअसल, दोनों के रिकॉर्ड लगभग एक से थे। फर्क इतना था कि तात्याना किट जहां मौजूदा वर्ल्ड चैम्पियनशिप की ब्रॉन्ज मेडलिस्ट थीं, वहीं बबीता पूर्व वर्ल्ड चैम्पियनशिप की ब्रॉन्ज मेडलिस्ट थीं। चार दिन पहले ही बबीता ने दिल्ली की लिलिया को 4–12 से पिछड़ने के बाद हराकर सबको चौंका दिया था।

पहले दो मिनट तक दोनों पहलवान अंक नहीं जुटा पाईं। इसके बाद तात्याना ने ढाक लगाने का प्रयास किया लेकिन बबीता ने उन्हें काबू में कर लिया मगर वह तात्याना को गधालोट लगाने से रोक नहीं पाईं जिससे तात्याना मुकाबले में 2–0 से आगे हो गईं। इस दौरान तात्याना ने कुंदे उठाने के साथ ही जनेऊ दांव की भी कोशिश की लेकिन उसका कोई लाभ नहीं हुआ। इसके बाद बबीता ने खेमे की एक निर्णायक पोजीशन बना ली थी लेकिन उसके अंजाम तक पहुंचाने से पहले ही मध्यांतर हो गया।

दूसरे राउंड में तात्याना डबल लेग अटैक पर बबीता को डेंजर पोज़ीशन में ले आईं, जिस पर उन्हें चार अंक हासिल हुए। इस तरह उनकी बढ़त 6–0

हो गई। इस मौके पर बबीता ने खुद को चित होने से बचाया और फिर तात्याना ने भारंदाज लगाने का प्रयास किया और यहीं बबीता ने बांगड़ी दांव लगाकर दो अंक हासिल कर लिए। इस मुकाबले में उनके अंक बनने का सिलसिला काफी देरी से शुरू हुआ लेकिन साढ़े चार मिनट बाद बबीता ने सिंगल लेग अटैक पर दो अंक बटोरकर स्कोर को 4–6 कर दिया। इस तरह इस मुकाबले को उन्होंने पुनर्जीवित कर दिया। उस समय ऐसा लगा जैसे किसी व्यक्ति को ऑक्सीज़न मिल गई है और वह तरोताज़ा होकर लड़ने लगा है।

बबीता ने अगले अभियान पर बगल से निकलकर सिंगल लेग अटैक से तात्याना का संतुलन बिगाड़ा और फिर पीछे आकर उन्होंने स्कोर को 6–6 से बराबर कर दिया। बबीता ने पिछड़ने के बाद शानदार वापसी की। उन्होंने दिखा दिया कि उन्हें जब अंक मिलते हैं तो थोक में मिलते हैं और वह फिर पीछे मुड़कर नहीं देखतीं। यहां भी ऐसा ही हुआ। जब मुकाबला समाप्त होने में केवल 18 सेकंड बाकी थे तो बबीता ने तात्याना को धकेला और उनका संतुलन बिगाड़कर पीछे आने के साथ ही दो और अंक का इजाफ़ा कर लिया। इस तरह वह मुकाबले में पहली बार आगे हो गईं। यानी 0–6 से पिछड़ने के बाद चैम्पियन के अंदाज में उन्होंने वापसी करके एक बार फिर सबको चौंका दिया। उस समय पूरे स्टेडियम में मौजूद दर्शकों ने खड़े होकर उनका अभिनंदन किया। गौर करने वाली बात यह थी कि तालियां बजाने वालों में हरियाणा हैमर्स का खेमा भी शामिल था, जिसने उस समय खेल भावना की मिसाल कायम की।

वर्ल्ड चैम्पियन की दहाड़ पर गीता का जवाब

टीम	: पंजाब रॉयल्स Vs हरियाण हैमर्स
मुक़ाबला	: गीता फोगट Vs ओक्साना हरहेल
फेज़ (चरण)	: लीग
वजन	: 58 किलो
रेफरी	: वीरेंद्र मलिक
सीज़न	: 1
दिनांक	: 22 दिसम्बर, 2015

पीडब्ल्यूएल की सबसे बड़ी विशेषता यह है कि यहां ओलिम्पिक चैम्पियन और वर्ल्ड चैम्पियनों के मुकाबले कुश्ती प्रेमियों के लिए विशेष आकर्षण का केंद्र रहते हैं। उसी वर्ष लास वेगास में हुई वर्ल्ड चैम्पियनशिप में 60 किलो का गोल्ड जीतने वाली ओक्साना हरहेल पर सबकी निगाहें थीं। इस वर्ल्ड चैम्पियन का मुकाबला गीता फोगट से था। हर कुश्ती प्रेमी जानता था कि गीता में बहुत सम्भावनाएं हैं। इसे उन्होंने वर्ल्ड चैम्पियनशिप का ब्रॉन्ज़ और कॉमनवेल्थ गेम्स का गोल्ड जीतकर साबित भी किया था। वाकई भारतीय कुश्ती प्रेमी जनता की वह लाड़ली बन गई थी। इस लिहाज़ से यह मुकाबला शुरू होने के समय कुश्ती प्रेमियों के एक बड़े वर्ग ने ओक्साना को इस मुकाबले में फेवरेट का दर्जा नहीं दिया।

इस मुकाबले के शुरू होने के समय हरियाणा हैमर्स की टीम 2–1 से आगे थी। कोच कुलदीप और अनिल मान मैट के किनारे से गीता की हौसला आफ़ज़ाई कर रहे थे। पीडब्ल्यूएल की सबसे महंगी खिलाड़ी ओक्साना और गीता में से कोई भी पहले दो मिनट में अंक नहीं बना पाईं और ओक्साना को 30 सेकंड का पैसिविटी टाइम दिया गया। मगर इस दौरान वह कोई स्कोर नहीं बना पाई जिससे गीता के स्कोर बनने का सिलसिला शुरू हुआ। ओक्साना ने ढाई मिनट

बड़ा धमाल.... वर्ल्ड चैम्पियन यूक्रेन की ओक्साना हरहेल को हराकर बड़ा धमाल करने में सफल रही गीता फोगट

के बाद तेज़ी दिखाई। वह लगातार खेमे पोज़ीशन से पीछे आने में तेज़ी दिखाती रहीं पर अंक हासिल करने में वह सफल नहीं हो पाईं। उन्होंने मौका देखते ही गीता को पलट दिया और गीता पर चित होने का खतरा मंडराने लगा लेकिन पहला राउंड समाप्त होने के हूटर ने उनके लिए संकटमोचक का काम किया और वह चित होने से बाल–बाल बच गईं। इस मौके पर उन्हें दो अंक हासिल हुए। हाफ टाइम के समय ओक्साना 2–1 से आगे थीं।

दूसरे राउंड के पहले दो मिनट में कोई भी पहलवान अंक नहीं बटोर पाईं। आखिरकार पांचवें मिनट में गीता ने डबल लेग अटैक किया और फिर ओक्साना को लिफ्ट करने की उन्होंने एक असफल कोशिश की। इस दौरान ओक्साना का दायां पांव उनके हाथ आया। यहीं से उन्हें गिराने के साथ गीता दो अंक हासिल करके 3–2 की बढ़त बनाने में सफल हो गईं। पौने पांच मिनट में गीता पहले राउंड में ओक्साना के अंदाज़ में ग्राउंड पोजीशन पर पीछे आईं। उन्होंने कंधे से भी ओक्साना को पलटने की कोशिश की लेकिन इस मौके पर ओक्साना ने अच्छे बचाव के साथ खतरा टाल दिया। मगर वह गीता को पीछे आने से रोक नहीं पाई जिससे गीता के पक्ष में स्कोर 5–2 हो गया।

करीब साढ़े पांच मिनट में ओक्साना ने हफ्ता भरकर गीता को रेड ज़ोन से अटैक करके बाहर गिराया और चार अंक हासिल कर लिये, जिससे ओक्साना 6–4 से आगे हो गई। यह एक तरह से वर्ल्ड चैम्पियन की दहाड़ थी। इस तकनीक से उन्होंने साबित कर दिया था कि एक चैम्पियन पहलवान के पिछड़ने के बावजूद मुकाबले में कुछ भी हो सकता है। मगर गीता भी भला हार मानने वालों में कहां थीं। उन्होंने पलक झपकते ही सिंगल लेग अटैक किया लेकिन इस बार उन्हें पीछे आने के लिए जूझना पड़ा। आखिरकार अपने इस प्रयास में कामयाब होने के साथ ही उन्होंने निर्णायक दो अंक हासिल कर लिये और वह 8–6 से आगे हो गईं। हरियाणा टीम प्रबंधन की ओर से इस फैसले के खिलाफ विरोध दर्ज किया गया। टीम प्रबंधन की शिकायत थी कि होल्ड क्लीयर नहीं था मगर इसे खारिज कर दिया गया और इस तरह गीता वर्ल्ड चैम्पियन को हराकर एक बड़ा उलटफेर करने में कामयाब हो गईं।

भिंची मुट्ठी से निकाली जीत.....
यूक्रेन की लिलिया होरिश्ना और बबीता

आठ अंक से पिछड़ने के बाद मिली जीत

टीम	: दिल्ली वीर Vs यूपी वॉरियस
मुक़ाबला	: लिलिया होरिश्ना Vs बबीता
फेज़ (चरण)	: लीग
वजन	: 53 किलो
रेफरी	: जुआंग दावून (कोरिया)
सीज़न	: 1
दिनांक	: 15 दिसम्बर, 2015

दिल्ली वीर और यूपी वॉरियर्स की टीमें लीग में निचले पायदानों पर थीं। दोनों की निगाहें इस जीत से अपनी स्थिति को बेहतर बनाने पर टिकी थीं। जब लिलिया होरिश्ना और बबीता का मुकाबला शुरू हुआ तो उस समय दिल्ली की टीम 2–1 से आगे थी। मंगोलियाई खिलाड़ी एरडेनबात बेखबेयार और विनेश फोगट उसे बढ़त दिला चुके थे जबकि यूपी की ओर से सत्यव्रत ने गुरपाल को हराया था।

लिलिया यूरोपीय चैम्पियनशिप के अंडर 23 वर्ग में चैम्पियन थीं जबकि यूरोपीय गेम्स में वह ब्रॉन्ज़ मेडल का मुकाबला बेलारूस की पहलवान से हार गई थीं। वहीं बबीता के नाम कॉमनवेल्थ गेम्स का एक गोल्ड और एक सिल्वर होने के अलावा वर्ल्ड चैम्पियनशिप का ब्रॉन्ज़ मेडल भी था। लुधियाना में हुए इस मुकाबले को हमेशा उतार चढ़ाव से भरे मुकाबले के लिए याद किया जाएगा।

बबीता ने सिंगल लेग अटैक करके अपनी आक्रामकता का परिचय दिया लेकिन होरिश्ना ने उन्हें वहीं दबा लिया जिससे बबीता को आक्रामकता महंगी पड़ी और रेड ज़ोन पर पोज़ीशन लेने के साथ ही होरिश्ना को दो अंक हासिल हुए जबकि दांव लगाने के लिए बबीता को भी एक अंक मिला। इसके बाद होरिश्ना ने बबीता के बायें कंधे को अपनी गिरफ्त में करके गिराया और फिर

बबीता को हावी होता देख बांगड़ी दांव पर स्थिति को पलटकर 4–1 की बढ़त बना ली। यहां बबीता ने अच्छे डिफेंस का परिचय दिया क्योंकि लिलिया ने कुंदे से लेकर भारंदाज की पकड़ बनाने की भरसक कोशिश की लेकिन बबीता ने उन्हें पकड़ ही नहीं बनाने दी।

इसके बाद बबीता ने डबल लेग अटैक से दो अंक हासिल करके स्कोर को 4–4 से बराबर कर दिया। दूसरे राउंड में होरिश्ना ने आते ही डबल लेग अटैक किया और फीतले से दो अंक हासिल करके स्कोर को 6–4 कर दिया। यहीं से होरिश्ना ने फीतले पर बबीता को लगातार घुमाना शुरू किया और स्कोर को पहले 8–4 किया, फिर 10–4 किया और देखते ही देखते उन्होंने स्कोर को 12–4 कर दिया। दिल्ली वीर का खेमा खुशी से झूम उठा। कुश्ती प्रेमियों का एक बड़ा वर्ग होरिश्ना को इस मुकाबले का विजेता मान चुका था लेकिन एक वर्ग ऐसा भी था, जिसे बबीता पर भरोसा था क्योंकि बबीता कई अंतरराष्ट्रीय कुश्तियों में हार के कगार पर पहुंचकर भी मुकाबले जीतने में सफल रही थी।

बबीता ने डबल लेग अटैक के साथ पीछे आकर दो अंक जुटाये और स्कोर को 6–12 कर दिया और वहीं से उन्होंने भारंदाज की पकड़ बनाने की कोशिश की लेकिन लिलिया ने अच्छे डिफेंस के साथ उन्हें अपने मंसूबों में सफल नहीं होने दिया।

मुकाबले के पौने पांच मिनट होने के बाद बबीता ने बगल से निकलकर दो अंक जुटाये और स्कोर को 8–12 कर दिया। अभी आखिरी मिनट के सात सेकंड ही हुए थे कि उन्होंने लिलिया को रेड ज़ोन से बाहर धकेलकर एक अंक और हासिल किया जिससे वह लिलिया की बढ़त को और कम करने में सफल रहीं। उस समय वह तीन अंकों से पिछड़ रही थीं।

उस समय उन्हें एक जंग लिलिया से और एक जंग घड़ी की रफ्तार से लड़नी पड़ रही थी। जब मुकाबला समाप्त होने में केवल 24 सेकंड शेष रह गए तो बबीता ने पलक झपकते ही पीछे आकर दो अंक हासिल कर लिए। उस समय बबीता केवल एक अंक से पीछे थीं और उस समय मुकाबले के समाप्त होने में 19 सेकंड बाकी थे। जब केवल 11 सेकंड बाकी रह गए तो बबीता ने

लिलिया के बगल से निकलकर पीछे आने की कोशिश की। इस प्रयास में लिलिया ने उनके बाएं पैर को पकड़कर उन्हें अपने पीछे आने से रोक दिया। मगर मुकाबले के समाप्त होने में जब केवल एक सेकंड बाकी था, तभी बबीता ने मौका देखते ही दो अंक जुटा लिए। मगर दिल्ली के खेमे ने इस फैसले का विरोध दर्ज कराया। दिल्ली के कोच सुजीत मान का कहना था कि लिलिया की पकड़ छूटने के साथ ही कुश्ती का समय समाप्त हो चुका था, इसलिए बबीता को दो अंक मिलने को लेकर ही यह विरोध था। मगर पूर्व राष्ट्रीय कोच राजसिंह, एशियाई खेलों के दोहरे गोल्ड मेडलिस्ट करतार सिंह और भारतीय कुश्ती संघ के सचिव वी. एम. प्रसूद की जूरी ने इस विरोध को गैर वाजिब ठहराते हुए फैसले को बबीता के पक्ष में ही रहने दिया। इस जीत के साथ बबीता ने न सिर्फ हारा हुआ मुकाबला जीत लिया बल्कि वह इस जीत के साथ दुनिया भर के कुश्ती प्रेमियों का दिल जीतने में भी सफल रहीं।

उलटफेर.....जिस मंगोलियाई पहलवान पुरविजे उनूरवात ने वर्ल्ड चैम्पियनशिप में नरसिंह यादव को हराया था, उन्हें प्रवीण राणा ने हरा दिया

स्कोर बराबर होने पर आखिरी अंक से हुआ फ़ैसला

टीम	:	पंजाब रॉयल्स Vs यूपी वॉरियस
मुक़ाबला	:	प्रवीण राणा Vs पुरविजे उनूरबात
फेज़ (चरण)	:	लीग
वजन	:	74 किलो
रेफरी	:	वीरेंद्र मलिक
सीज़न	:	1
दिनांक	:	13 दिसम्बर, 2015

यह वह समय था, जब 74 किलो में सुशील और नरसिंह यादव के बाद प्रवीण राणा का खूब जलवा हुआ करता था क्योंकि जितेंद्र ने तब तक अपनी पहचान ही बनाई थी लेकिन उन्हें वह स्टार जैसा दर्जा प्राप्त नहीं था। उनके नाम 2013 की कॉमनवेल्थ चैम्पियनशिप का गोल्ड होने के अलावा 2015 के सासारी कप का भी गोल्ड था जबकि पुरविजे वह पहलवान थे, जिन्होंने इसी वर्ष लास वेगास में वर्ल्ड चैम्पियनशिप में सिल्वर मेडल हासिल किया था। वहां नरसिंह यादव को उन्होंने शिकस्त देकर फाइनल में नहीं पहुंचने दिया था। इस बात का उस समय निश्चय ही प्रवीण राणा पर दबाव था।

इस मुकाबले के शुरू होने के समय पंजाब 2–1 से आगे था। रजनीश गैनज़ोरिग को हराकर एक बड़ा उलटफेर कर चुके थे और मौसम खत्री ने एक बहुप्रतीक्षित मुकाबले में सत्यव्रत को 5–0 से हराया था। मगर बबीता ने अपनी बहन प्रियंका फोगट को हराकर अंतर कम कर दिया था। अब बारी प्रवीण और पुरविजे के मुकाबले की थी। मगर यहां भी फेवरेट पुरविजे ही थे क्योंकि एक तो उनका रिकॉर्ड प्रवीण के मुकाबले कहीं अच्छा था और

दूसरे, खिलाड़ियों की नीलामी में जहां प्रवीण पर 13.1 लाख की बोली लगाई गई थी, वहीं पुरविजे पर 34.1 लाख की बोली लगी थी।

यहां माहौल जितना गमगीन था, वहीं कमेंट्री बॉक्स में अयाज़ मेमन ने रमन भनोट से बात करते हुए मनोज जोशी की उनके शायराना अंदाज़ के लिए खूब सराहना की और यह कहकर सबको चौंका दिया कि नवजोत सिंह सिद्धू की आत्मा अब जीते–जी मनोज जोशी में आ गई है और वह उन्हीं की तरह कुश्ती के साथ शायराना अंदाज़ में अपनी बात कहते हैं। बहरहाल, इस मुकाबले का आधा मिनट समाप्त होते ही प्रवीण ने सिंगल लेग अटैक पर दो अंक बनाकर सबको चौंका दिया। दरअसल उन्होंने दायें पैर को उठाकर उसे बगल में दबाकर गिराया था। हाफ टाइम तक यही स्कोर रहा।

दूसरे हाफ में पुरविजे ने एक जवाबी हमले पर स्कोर बराबर किया और उसी पकड़ पर भारंदाज करके 4–2 की बढ़त बना ली। इसके बाद पुरविजे अपने ही दांव में फंस गये जिसका प्रवीण ने भरपूर फायदा उठाते हुए स्कोर 4–4 से बराबर कर दिया। इस तरह प्रवीण आखिरी अंक हासिल करने की वजह से मुकाबला अपने पक्ष में करने में कामयाब हो गये। यह उनकी वर्ल्ड चैम्पियनशिप के सिल्वर मेडलिस्ट पर उलटफेर भरी जीत थी। मुकाबले के बाद उन्होंने कहा कि उनकी टीम के साथी रजनीश ने उलटफेर के साथ शुरुआत की थी। उनकी इस जीत ने उनका मनोबल बढ़ाने का काम किया और उन्हें खुशी है कि वह अपने साथी की कामयाबी को और आगे बढ़ाने में सफल रहे।

लास वेगास का हिसाब दिल्ली में

टीम	: बैंगलुरु योद्धा Vs यूपी वॉरियस
मुक़ाबला	: नरसिंह यादव Vs पुरविजे उनूरबात
फेज़ (चरण)	: लीग
वजन	: 74 किलो
रेफरी	: जुआंग दावून
सीज़न	: 1
दिनांक	: 11 दिसम्बर, 2015

नरसिंह यादव और मंगोलिया के पुरविजे के साथ इसी वर्ष लास वेगास में वर्ल्ड चैम्पियनशिप में एक मुकाबला हुआ था, जिसमें नरसिंह रेड ज़ोन से पैर बाहर निकलने के कारण पराजित हुए थे और उनका फ़ाइनल में पहुंचने का सपना चकनाचूर हो गया था। इस प्रतियोगिता में उनूरबात को सिल्वर और नरसिंह को ब्रॉन्ज़ मेडल हासिल हुआ था लेकिन बैंगलुरु और यूपी के मुकाबले के दौरान दबाव उनूरबात पर था। इसकी एक वजह तो यह थी कि नरसिंह अपने घरेलू दर्शकों के बीच लड़ रहे थे और दूसरे इस भिड़ंत के शुरू होने से पहले ही बैंगलुरू इस मुकाबले में 5–1 की निर्णायक बढ़त बना चुका था।

इस मुकाबले में उनूरबात कुछ ज़्यादा ही ऐहतियात से लड़ रहे थे। इस वजह से उनके लड़ने की रफ्तार काफी धीमी हो चुकी थी, जिससे एक मिनट 42 सेकंड में ही उनूरबात को कॉशन दिया गया, जिससे नरसिंह इस मुकाबले में पहला अंक जुटाने में कामयाब हो गए। पहले राउंड में यही एकमात्र अंक बना। पहला राउंड समाप्त होने से दस सेकंड पहले नरसिंह को भी रेफ़री ने तेज लड़ने की नसीहत दी।

दूसरे राउंड में नरसिंह ने एक सिंगल लेग अटैक पर उनूरबात को डेंजर

पोज़ीशन पर गिराया, जिससे उन्हें चार अंक हासिल हुए। फिर उसी पकड़ पर भारंदाज करके उन्होंने 7–0 की बढ़त बना ली। फिर नरसिंह को कॉशन देकर उनूरबात को पहला अंक हासिल हुआ। मुकाबला समाप्त होने से तीन सेकंड पहले नरसिंह दो अंकों के साथ 9–1 से मुकाबला जीतने में कामयाब रहे। इस जीत के साथ नरसिंह ने उनूरबात से लास वेगास की हार का भी हिसाब चुकता कर लिया।

हार का बदला..... **पुरविजे उनूरबात से लास वेगास की हार का बदला नरसिंह ने चुकाया**

अति आत्मविश्वास ले डूबा

टीम	: मुम्बई इंडियंस Vs दिल्ली वीर
मुक़ाबला	: अमित धनकड़ Vs नवरुजो़व इख्तियोर
फेज़ (चरण)	: लीग
वजन	: 65 किलो
रेफरी	: एताती अजीजुल्लाह (ईरान)
सीज़न	: 1
दिनांक	: 21 दिसम्बर, 2015

21 दिसम्बर को खेले गए इस मुकाबले में नवरूजोव को फेवरेट माना जा रहा था। इसकी वज़ह उनका अमित धनकड़ की तुलना में बेहतर रिकॉर्ड होना था। उन्होंने लास वेगास में 2015 में वर्ल्ड चैम्पियनशिप में सिल्वर मेडल हासिल किया था जबकि अमित धनकड़ 2013 की एशियाई चैम्पियनशिप के गोल्ड मेडलिस्ट थे। नवरूज़ोव पहले भी भारत आ चुके थे। 2010 की दिल्ली में हुई एशियाई चैम्पियनशिप में सुशील ने उन्हें पराजित किया था लेकिन तब से अब तक बहुत कुछ बदल चुका था। नवरूज़ोव कुश्ती को जारी रखे हुए थे और उन्होंने 2016 के रियो ओलिम्पिक में ब्रॉन्ज़ मेडल जीतकर अपनी अच्छी फॉर्म का परिचय दिया। हालांकि यह मुकाबला 2015 में आयोजित किया गया।

65 किलो वज़न की इस कुश्ती में अमित की शुरुआत आक्रामक रही। 37 सेकंड में ही अमित ने सिंगल लेग अटैक किया, जिस पर नवरूज़ोव ने कमर के नीचे कुंदे उठाने का प्रयास किया लेकिन वहीं अमित ने बांगड़ी लगाकर स्कोर 2–0 कर दिया लेकिन नवरूज़ोव भी भला इतनी आसानी से हार मानने वाले कहां थे। उन्होंने सिंगल लेग अटैक पर स्कोर बराबर कर दिया। अमित ने पहले राउंड से कुछ पहले डबल लेग अटैक किया लेकिन मध्यांतर होने की वजह से वह इस मौके का कोई फायदा नहीं उठा पाये।

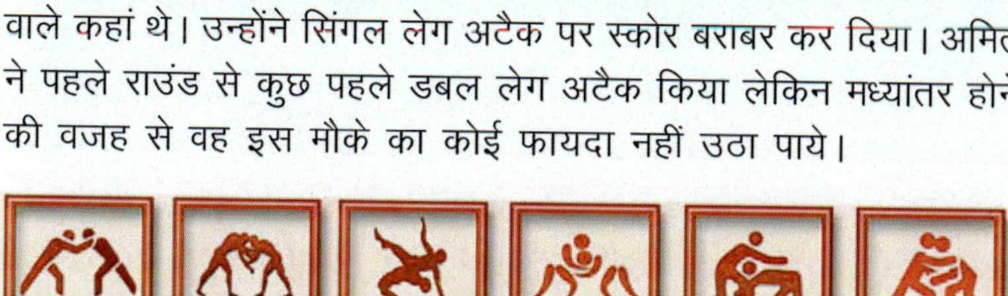

वाह..... उज्बेकिस्तान के नवरूज़ोव और अमित धनकड़

दूसरे राउंड के 22 सेकंड में ही अमित ने डबल लेग अटैक से स्कोर को 4–2 कर दिया। इस दौरान नवरूज़ोव ने अमित के कमर के ऊपरी हिस्से को उठाकर खेमे करने की कोशिश की लेकिन उन्हें कोई कामयाबी नहीं मिल पाई। चार मिनट बाद नवरूज़ोव अति–उत्साह के शिकार हो गए। वह उस मौके पर खेमे करने गए लेकिन पकड़ छूट जाने से अमित को दो अंक जुटाने का मौका मिल गया। अमित ने इसके बाद सिंगल लेग अटैक किया लेकिन वहीं नवरूज़ोव ने कमर के ऊपर के हिस्से को उठाकर इस बार दो अंक जुटाने में कामयाबी हासिल कर ली। उस समय स्कोर 4–6 हो गया। नवरूजोव दो अंकों से पीछे थे। वहीं अमित को नीचे से ऊपर आने के लिए एक अंक हासिल हुआ और स्कोर अमित के पक्ष में 7–4 हो गया।

अमित आत्मविश्वास से भरे हुए थे। उन्होंने साइड से सिंगल लेग अटैक करके पीछे आकर फीतले की कोशिश की लेकिन वह नवरूज़ोव के दूसरे पांव को नहीं पकड़ पाए। फिर उन्होंने स्टैंडिंग पोजीशन में पीछे आकर नवरूज़ोव की कमर पकड़ी और नवरूज़ोव रेड ज़ोन से बाहर निकल गए और अमित के पक्ष में स्कोर 9–4 हो गया। उस समय मुकाबला समाप्त होने में 23 सेकंड बाकी थे। अब दांव लगाने की बारी नवरूज़ोव की थी। उन्होंने अमित को कमर से पकड़ा और साइड से निकलकर पीछे आकर उन्होंने दो अंक हासिल कर लिये और यहीं समय भी समाप्त हो गया। ये दो अंक भी उन्हें राहत नहीं दे पाए और वह अमित के खिलाफ उलटफेर के शिकार हो गए। ऐसा लगा जैसे नवरूज़ोव अति–आत्मविश्वास के शिकार हो गए थे। कमेंट्री बॉक्स में नवजोत सिंह सिद्धू, जगदीश कालीरमण और अयाज़ मेमन ने इसका विवरण देते हुए एक तरह से समां बांध दिया।

हम किसी से कम नहीं.... यूलिया राटकेविच को हराकर गीता ने दिखा दिया कि वह दुनिया की किसी भी ताक़तवर दिग्गज से कम नहीं हैं

जवाबी हमले की मिसाल बना मुकाबला

टीम	:	बैंगलुरु योद्धा Vs पंजाब रॉयल्स
मुक़ाबला	:	यूलिया राटकेविच Vs गीता फोगट
फेज़ (चरण)	:	लीग
वजन	:	58 किलो (महिला)
रेफरी	:	सत्यदेव मलिक
सीज़न	:	1
दिनांक	:	20 दिसम्बर, 2015

यूलिया राटकेविच और गीता फोगट के मुकाबले पर सबकी नज़र थी। गीता अपनी शानदार उपलब्धियों की वजह से हरियाणा में ही नहीं, देश भर में पॉपुलर हो चुकी थीं। जब से उनकी बायोपिक पर दंगल फिल्म की शूटिंग शुरू हुई थी, तब से वह और भी ज़्यादा चर्चा का विषय थी। यही वजह है कि नोएडा में हुए इस मुकाबले में गीता को वही प्यार मिला, जो उन्हें उनके राज्य में मिलता था। वहीं यूलिया लंदन ओलिम्पिक की ब्रॉन्ज़ मेडलिस्ट होने के अलावा पूर्व वर्ल्ड चैम्पियन थीं। इतना ही नहीं, यूलिया ने अपने पिछले मुकाबले में मौजूदा वर्ल्ड चैम्पियन ओक्साना हरहेल को तकनीकी फॉल से हराकर सनसनी फैला दी थी। उन्होंने दो साल पहले गीता को एक अंतरराष्ट्रीय प्रतियोगिता में चित किया था।

जिसका डर था, शुरुआत में वही हुआ। गीता के लेग अटैक की कोशिश का यूलिया ने जवाबी हमले से बखूबी जवाब देते हुए दो अंक बटोर लिये लेकिन वह गीता के अच्छे डिफेंस की वजह से अच्छी पकड़ का लाभ नहीं उठा पाईं। जिस तरह शुरुआती अंक यूलिया ने जुटाया था, ठीक उसी अंदाज़ में गीता ने इस बार बराबरी–सूचक अंक हासिल किया। यानी अटैक यूलिया का था लेकिन सिंगल लेग अटैक पर जवाबी हमला बोलते हुए गीता ने दो अंक

जुटाकर बराबरी कर ली। गीता ने एक बार फिर यूलिया के ढाक लगाने में विफल होने पर जवाबी हमले के साथ 4–2 की बढ़त बना ली।

पिछले अंक में यूलिया ढाक नहीं लगा पाई थीं। इस बार गीता जल्दबाजी की शिकार हुईं जिसका फायदा यूलिया ने दो अंक जुटाकर उठा लिया। उस समय स्कोर 4–4 से बराबर था। इस बार यूलिया आक्रामक दिखाई दीं और उन्होंने फीतले भी बांध लिए थे लेकिन रेड ज़ोन उनके लिए सबसे बड़ी मुसीबत साबित हुआ और उनके हाथ में कई अंक जुटाने का मौका निकल गया। इसके बाद यूलिया के लिए 30 सेकंड का पैसिविटी टाइम शुरू हुआ। इस दौरान गीता के आक्रमण पर यूलिया ने जवाबी हमला किया और कुश्ती के स्कोर को टेनिस स्कोर यानी 6–4 में तब्दील कर दिया। आखिरी क्षणों में पीछे आने के लिए गीता की जम्प देखने लायक थी और वह स्कोर को 6–6 से बराबर करने में कामयाब रहीं। इसी पोज़ीशन पर उन्होंने कुंदे उठाने के साथ 8–6 की बढ़त बना ली। फिर स्टैंडिंग कुश्ती में पांव बाहर निकल जाने से स्कोर गीता के पक्ष में 9–6 हो गया।

आखिरी तीन सेकंड में यूलिया ने सिंगल लेग अटैक पर स्कोर को 9–8 कर दिया लेकिन ये दो अंक उनकी किस्मत को नहीं पलट पाये। इस मुकाबले में दोनों पहलवान अपनी इतनी ऊर्जा खर्च कर चुकी थीं कि उन्हें मैट से उठने में काफी वक्त लग गया लेकिन गीता ने इस प्रदर्शन से अपने आलोचकों के मुंह पर ताला जरूर लगा दिया। इस मुकाबले को जवाबी हमले के लिए हमेशा याद रखा जाएगा।

योगेश्वर की सूझबूझ और नवरूज़ोव की आक्रामकता

टीम	:	हरियाणा हैमर्स Vs दिल्ली वीर
मुक़ाबला	:	योगेश्वर दत्त Vs नवरुजो़व इख्तियोर
फेज़ (चरण)	:	लीग
वजन	:	65 किलो (महिला)
रेफरी	:	सत्यदेव मलिक
सीज़न	:	1
दिनांक	:	12 दिसम्बर, 2015

योगेश्वर दत्त और उज्बेकिस्तान के नवरूज़ोव के मुक़ाबले पर हर किसी की निगाहें थीं क्योंकि दोनों आला दर्जे के पहलवान थे। योगेश्वर लंदन ओलिम्पिक में पदक विजेता होने के अलावा 2014 के एशियाई खेलों के गोल्ड मेडलिस्ट थे जबकि नवरूज़ोव उसी वर्ष लास वेगास में वर्ल्ड चैम्पियनशिप में सिल्वर मेडल जीत चुके थे। उनकी यह दूसरी भारत यात्रा थी। इससे पहले वह 2010 की एशियाई चैम्पियनशिप में नई दिल्ली आए थे, जहां सुशील ने उन्हें पराजित किया था। लंदन ओलिम्पिक में भी सुशील ने उन्हें क्वॉर्टर फाइनल में हराया था। इस तरह एक समय योगेश्वर के गुरु भाई को तो उनके खिलाफ जीत का अवसर मिल चुका था लेकिन अब बारी योगेश्वर की थी। सच तो यह है कि प्रो रेसलिंग लीग के शुरू होने के समय इस मुक़ाबले पर सबकी नज़रें थीं। यह हरियाणा–दिल्ली मुक़ाबले की आखिरी भिड़ंत थी, जिसमें हरियाणा को पहले ही 4–2 की निर्णायक बढ़त हासिल हो चुकी थी। ज़ाहिर है कि परिणाम के लिहाज़ से दोनों टीमों की स्थिति पर कोई असर नहीं पडना था लेकिन प्रतिष्ठा के मामले में इस भिड़ंत का काफी महत्व था।

मां की दुआओं का असर.... नवरूजो़व के खिलाफ योगेश्वर दत्त को मां की दुआएं काम आई

इस मुक़ाबले के शुरुआती दौर में अंक न बनने पर नवरूज़ोव 30 सेकंड के एक्टिविटी टाइम में कोई अंक नहीं बटोर पाये जिससे योगेश्वर को पहला अंक हासिल हुआ। इसके बाद योगेश्वर ने डबल लेग अटैक की कोशिश की लेकिन नवरूज़ोव को ऊपर से झपटते देखकर योगेश्वर को कदम पीछे खींचने पड़े। साढ़े तीन मिनट के बाद योगेश्वर ने खेमे करते–करते काखी दांव पर दो अंक बटोरने के साथ 3–0 की बढ़त बना ली। दर्शकों की अपार भीड़ के बीच योगेश्वर दत्त की मां ने खड़े होकर ताली बजाकर अपने सपूत का तालियां बजाकर स्वागत किया। वैसे वह अभी तक योगेश्वर के मुक़ाबले के दौरान घर या मंदिर में पूजा अर्चना किया करती थीं लेकिन इस बार वह खेल के मंदिर में अपने बेटे की जीत के लिए हाथ जोड़े खड़ी थीं।

सवा चार मिनट के बाद नवरूज़ोव ने डबल लेग अटैक पर योगेश्वर को रेड ज़ोन से बाहर धकेलकर उनकी बढ़त को कम किया। उस समय भी योगेश्वर के पास दो अंकों की बढ़त थी लेकिन उन्होंने बहुत समझदारी के साथ इस मुक़ाबले को आगे बढ़ाया और ज़्यादातर समय खेमे की पोज़ीशन में निकाल दिया। आखिरी सेकंड में योगेश्वर का पांव बाहर निकल जाने से नवरूज़ोव को दूसरा अंक मिला लेकिन उन्हें बराबरी पर आने का मौका समय पूरा होने की वजह से नहीं मिल पाया। इस तरह योगेश्वर मुक़ाबले को 3–2 से जीतने में सफल रहे। इस मुक़ाबले को योगेश्वर की सूझबूझ के लिए हमेशा याद रखा जाएगा। जिन कुश्ती प्रेमियों ने इस मुक़ाबले को देखा, वे योगेश्वर के मुरीद हो गए और खासकर उभरते हुए पहलवानों के लिए यह मुक़ाबला एक सीख लेकर आया।

*जीत ने की बोरियत खत्म....*सरिता ने दुनिया की नम्बर तीन खिलाड़ी येसिलरमेक एलिफ जेल को एकमात्र अंक से हराकर सबको चौंका दिया

मुकाबले में बना एक अंक रहा निर्णायक

टीम	: दिल्ली वीर Vs यूपी वॉरियर्स
मुक़ाबला	: येसिलरमेक एलिफ जेल Vs सरिता
फेज़ (चरण)	: लीग
वजन	: 58 किलो (महिला)
रेफरी	: सत्यदेव मलिक
सीज़न	: 1
दिनांक	: 15 दिसम्बर, 2015

दिल्ली और यूपी की टीमें लीग में निचले स्थानों पर चल रही थीं। इस बार मुकाबला वर्ल्ड चैम्पियनशिप की ब्रॉन्ज मेडलिस्ट तुर्की की येसिलरमेक एलिफ जेल और सरिता मोर के बीच था। येसिलरमेक को विश्व कुश्ती में कांस्य सुंदरी के नाम से भी जाना जाता था। इसकी बड़ी वजह यह थी कि वह जिस भी अंतरराष्ट्रीय प्रतियोगिता में भाग लेने जातीं, वहां उन्हें कांस्य पदक हासिल ज़रूर होता। वर्ल्ड चैम्पियनशिप में वह 2014 और 2015 में उतरीं और दोनों ही बार उन्हें कांस्य पदक हासिल हुआ। 2012 की यूरोपीय चैम्पियनशिप और 2015 के यूरोपीय खेलों में भी उनके नाम कांस्य पदक रहे। वहीं सरिता की उपलब्धियां उस समय कॉमनवेल्थ चैम्पियनशिप के स्तर की थीं। सरिता पर सबकी निगाहें इसलिए भी थीं क्योंकि वह गीता फोगट से इसी लीग के एक मुकाबले में कुछ दिन पहले कड़े संघर्ष में आखिरी क्षणों में हारी थीं।

बहरहाल मुकाबले के दौरान दोनों पहलवानों ने पैंतरों का इस्तेमाल नहीं किया। ठीक उसी तरह जैसे जापान की पहलवान इसका इस्तेमाल नहीं करतीं। देखते ही देखते यह मुकाबला दोनों ओर से डिफेंसिव रूख का बनकर रह गया। सरिता को आम तौर पर डिफेंसिव पहलवान माना जाता था और येसिलरमेक भी इसी रुख से खेल रही थीं। वह सरिता की गीता के खिलाफ कुश्ती कला

को देख चुकी थीं और किसी भी तरह का अतिरिक्त जोखिम लेने से वह बच रही थी। हालांकि कदकाठी में दोनों में काफी फर्क था। सरिता कद में छोटी थीं और जेल का कद उनसे कहीं अधिक था।

पहले दो मिनट तक अंक न बनने पर जेल को 30 सेकंड का पैसिविटी टाइम दिया गया लेकिन इस दौरान अंक न बना पाने से सरिता को अंक मिला। एक मौके पर जेल की उंगली सरिता की आंख में लगी। बिना इससे विचलित हुए वह खेलती रहीं। इस तरह पहले राउंड की समाप्ति पर सरिता 1–0 से आगे थी। इस कुश्ती की सबसे बड़ी विशेषता यह रही कि इनकी ज़्यादातर कुश्ती स्टैंडिंग में चलती रही। चार मिनट की समाप्ति के बाद दोनों पहलवान करीब से लड़ने लगीं। दोनों का ग्रिप पर काफी अच्छा नियंत्रण देखा गया। आखिरी क्षणों में जेल को फ्रंट साल्तो का अवसर मिला लेकिन वह इस अवसर का लाभ नहीं उठा पाईं। उन्होंने इसके साथ ही सरिता को रेड ज़ोन पर गिराया लेकिन सरिता ने अच्छे डिफेंस का परिचय देते हुए इस खतरे को टाल दिया। इस तरह इस मुकाबले के छह मिनट पूरा होने पर एक बड़ा उलटफेर देखने को मिला। यह नैशनल चैम्पियन की दुनिया की तीसरे नम्बर की खिलाड़ी पर जीत थी। इस जीत का फ़ायदा यह हुआ कि सरिता इस मुकाबले के बाद एक अलग ही अंदाज़ में दिखाई दीं और यह कामयाबी उनके लिए अगले वर्षों में एक टॉनिक साबित हुई।

बड़ी बहन के नक्शे कदम पर रितु

टीम	: रेवांता मुम्बई गरुड़ Vs बैंगलुरु योद्धा
मुक़ाबला	: रितु फोगट Vs अलीसा लैम्पे
फेज़ (चरण)	: लीग
वजन	: 48 किलो
रेफरी	: दाऊन जुआंग
सीज़न	: 1
दिनांक	: 14 दिसम्बर, 2015

मुम्बई टीम की रितु फोगट और बैंगलुरु योद्धा के बीच जब यह मुकाबला शुरू हुआ तो उस समय मुम्बई की रितु फोगट को अलीसा की तुलना में हल्का आंका जा रहा था। अलीसा को दो साल पहले वर्ल्ड चैम्पियनशिप में ब्रॉन्ज़ मेडल हासिल हो चुका था। वहीं रितु उस फोगट परिवार से थीं जिसकी उन दिनों ज़बर्दस्त धूम थी। इसीलिए, रितु से भी किसी ने उम्मीद नहीं छोड़ी थी। इस मुकाबले में अलीसा की शुरुआत आक्रामक रही। 44 सेकंड में उनके आक्रमणों में और भी तीव्रता देखने को मिली और उन्होंने खेमे करने की कोशिश की और उनके चूकते ही रितु ने साइड से कुंदे उठाने का प्रयास किया लेकिन वह अलीसा के दोनों घुटने मैट पर लगाने में सफल नहीं हो पाई। अलीसा ने मौका देखते ही बांगड़ी लगाकर दो अंक जुटा लिये। करीब डेढ़ मिनट बाद अलीसा ने रितु को खपचड़े लगाकर गिराने के साथ दो अंक और बटोर लिए। इसके बाद रितु ने सिंगल लेग अटैक किया। वहीं अलीसा ने भी ग्राउंड पोजीशन पर रितु के दाएं पांव को अपने कब्जे में कर लिया लेकिन मध्यांतर की वजह से वह इसे स्कोर में नहीं बदल पाईं। उस समय अलीसा 4–0 से आगे थीं।

बड़ी बहनों के नक्शे कदम पर... रितु फोगट ने अलीसा लैम्पे को हराकर दिखा दिया कि वह अपनी बहनों से किसी लिहाज़ से कम नहीं हैं

दूसरे राउंड में रितु ने आते ही सिंगल लेग अटैक किया लेकिन जल्द ही उनसे ग्रिप छूट गई। फिर रितु ने यही अटैक दोबारा करके अंतर कम कर दिया। वहीं अलीसा ने ब्रिज की पोजीशन से खतरा टाला लेकिन इस दौरान वह दो अंकों के साथ स्कोर को बराबर करने में कामयाब हो गईं। पौने चार मिनट के बाद रितु ने कुंदे उठाकर कुश्ती के स्कोर को टेनिस स्कोर (6–4) में बदल दिया। जब चार मिनट समाप्ति की ओर थे तो अलीसा ने रितु को खींचकर गिराने की कोशिश की लेकिन वह अपने ही दांव में उलझकर रह गईं जिससे रितु अपनी बढ़त को 8–4 करने में सफल रहीं।

साढ़े चार मिनट के बाद अलीसा ने खेमे पोज़ीशन में आगे बढ़ने का प्रयास किया, वहीं रितु ने उन्हें दबा दिया। रितु का एक्शन इतना तेज था कि इसी पोज़ीशन पर उन्होंने अलीसा को स्टेडियम की छत दिखाने के लिए मजबूर कर दिया। डग आउट में बैठीं ओडुनायो ने उस समय अपनी खेल भावना का परिचय दिया और वह खुशी से कूद उठीं।

इस जीत के साथ रितु ने दिखा दिया कि वह भी अपनी बड़ी बहन बबीता के नक्शे कदम पर चल रही हैं क्योंकि पिछड़कर शानदार तरीके से वापसी करने में बबीता से बड़ा पहलवान उस समय देश में कोई दूसरा नहीं था। रितु ने भी कुछ ऐसी ही मिसाल कायम की। मुकाबले के बाद रितु ने बताया कि ब्रेक के दौरान उन्हें कोचों ने जो समझाया, उन्होंने दूसरे राउंड में वही किया लेकिन साथ ही उन्होंने यह भी स्वीकार किया कि उन्हें मुकाबले के लिए आराम का ज़्यादा समय नहीं मिल सका लेकिन उनका पूरा ध्यान जीत पर निर्भर था। इस जीत के साथ रेवांता मुम्बई गरुड़ की टीम 3–1 से आगे हो गई।

ओल्ड इज़ गोल्ड.... निर्मला देवी ने इंग्लैंड की याना रैटिगन को हराकर साबित कर दिया कि उम्र बढ़ने के साथ उनमें युवा जोश लौट रहा है

अनुभव के इस्तेमाल से हुआ उलटफेर

टीम	: हरियाणा हैमर्स Vs पंजाब रॉयल्स
मुक़ाबला	: निर्मला Vs याना रैटिगन
फेज़ (चरण)	: लीग
वजन	: 48 किलो
रेफरी	: अशोक कुमार
सीज़न	: 1
दिनांक	: 22 दिसम्बर, 2015

पंजाब रॉयल्स और हरियाणा हैमर्स के मुक़ाबले के दौरान महिलाओं के 48 किलोग्राम वर्ग में इंग्लैंड की याना रैटिगन पर सबकी निगाहें थीं। भारतीय कुश्ती प्रेमी ग्लास्गो में खेले गए कॉमनवेल्थ गेम्स के दौरान उन्हें फ़ाइनल में विनेश से कुश्ती लड़ते देख चुके थे, जिसमें विनेश ने बाज़ी मारी थी। अब उन्हीं के राज्य की निर्मला देवी उनसे मुकाबले के लिए तैयार थीं। इस मुकाबले से पहले हरियाणा की टीम 0–1 से पीछे थी। इस मुकाबले में निर्मला के हारने का मतलब होता हरियाणा पर पूरी तरह से दबाव आ जाता। इसी बात को ध्यान में रखते हुए निर्मला ने इस मुकाबले को बहुत ही सूझबूझ के साथ लड़ा और अपने अनुभव का भरपूर इस्तेमाल किया।

खेल के 24 सेकंड में ही याना ने सिंगल लेग अटैक करना चाहा लेकिन वह अपने ही दांव में उलझकर रह गईं और निर्मला ने अपना मौका ताड़ते हुए जवाबी हमले पर दो अंक जुटा लिये। इसी ग्रिप पर निर्मला ने भारंदाज का भरसक प्रयास किया जिसमें एक मौके पर सवारी की पोज़ीशन भी बनीं लेकिन वह कामयाब नहीं हो पाई जिससे याना ने नीचे से ऊपर आकर एक अंक जुटाकर अंतर को कम कर दिया। इसके बाद याना ने डबल लेग अटैक करना चाहा लेकिन निर्मला ने उन्हें वहीं दबा दिया और खेमे से उन्हें डेंजर पोज़ीशन में लाकर दो और अंक जुटा लिये। इस दौरान उन्होंने नेल्सन से

अपनी पूरी शक्ति याना को चित करने के लिए झोंक दी थी लेकिन वह कामयाब नहीं हो पाईं। यहां याना का डिफेंस कारगर रहा जिससे उन्हें कोई नुकसान नहीं हुआ। इस तरह निर्मला कुल 4–1 से आगे हो गईं। उस समय हरियाणा हैमर्स के को–ओनर गोल्डी बहल की डग आउट में सांसे ऊपर की ऊपर थीं और वह एक टकटकी लगाकर इस मुकाबले का लुत्फ़ उठा रहे थे। वहीं पंजाब के को–ओनर धर्मेंद्र शांत मुद्रा में थे। ऐसा स्वाभाविक भी था क्योंकि याना उन्हें प्रसन्नता दिखाने का कोई अवसर ही नहीं दे रही थीं। दूसरे राउंड में सिंगल लेग अटैक पर जवाबी हमले से निर्मला ने दो अंक हासिल किये। इसके बाद याना ने एक जवाबी हमले पर बांगड़ी करके अंतर कम किया लेकिन उसके बाद निर्मला ने याना को बराबरी पर आने का मौका नहीं दिया और मुकाबले में एक उलटफेर के साथ उन्होंने न सिर्फ अपनी टीम को 1–1 की बराबरी पर पहुंचाया बल्कि इस लीग में भी अपनी पहली जीत हासिल की। कुश्ती समाप्त होने के बाद हर कोई निर्मला का मुरीद बन गया। वास्तव में निर्मला भारतीय कुश्ती की एक ऐसी सेल्फ–मेड खिलाड़ी हैं, जिन पर हर भारतीय गर्व कर सकता है। इसके लिए उन्होंने लम्बी लड़ाई लड़ी है। जब तक फोगट सिस्टर्स राष्ट्रीय स्तर पर नहीं उतरी थीं, तब तक निर्मला अपने वजन में बेजोड़ थीं लेकिन धीरे–धीरे उनका दबदबा कम होता गया। मगर उनके जज़्बे में कोई कमी नहीं आई और वह करीब–करीब हर प्रतियोगिता में अपनी उपस्थिति का अहसास कराती रहीं। यही वजह है कि प्रो रेसलिंग लीग में उनकी मांग कभी कम नहीं हुई।

मुकाबले के बाद निर्मला ने कहा कि उन्हें लीग में अपनी पहली जीत की बेहद खुशी है और उन्हें अफ़सोस है कि इस मुकाबले में उनकी प्रतिद्वंद्वी ने उनके हाथ की उंगलियों को दांत से काटने की कोशिश की। उन्हें अंतरराष्ट्रीय स्तर की इस पहलवान से ऐसी उम्मीद नहीं थी।

बड़े अंक ने बदला मुकाबले का रुख

टीम	: पंजाब रॉयल्स Vs बैंगलुरु योद्धा
मुक़ाबला	: मौसम खत्री Vs पावलो ओलिनिक
फेज़ (चरण)	: लीग
वजन	: 97 किलो
रेफरी	: एताती अजीजुल्लाह (ईरान)
सीज़न	: 1
दिनांक	: 20 दिसम्बर, 2015

यूक्रेन के पावलो ओलिनिक पूर्व यूरोपीय चैम्पियन होने के अलावा दो बार के विश्व चैम्पियनशिप के पदक विजेता थे। वहीं मौसम खत्री 2010 के एशियाई खेलों के ब्रॉन्ज़ मेडलिस्ट होने के अलावा दो बार के कॉमनवेल्थ चैम्पियनशिप के गोल्ड मेडलिस्ट थे और उनकी भारतीय दंगलों मे ज़बर्दस्त मांग थी। अंतरराष्ट्रीय प्रतियोगिताओं का लम्बा अनुभव उनके पास था। हालांकि राष्ट्रीय स्तर पर उन्हें सत्यव्रत कादियान से ही कड़ी टक्कर मिलती थी लेकिन अंतरराष्ट्रीय स्तर पर भारी वज़नों का स्तर काफी ऊंचा होने से वह अपनी मौजूदगी का वैसा अहसास नहीं करा पाये, जितना कि वह राष्ट्रीय स्तर पर करा पाते थे। वैसे मौसम ने अंतरराष्ट्रीय मुक़ाबलों में कई कड़े मुकाबले भी लड़े जिससे उनकी कुश्ती जगत में एक अलग पहचान बनी। खासकर ऐसी कुश्तियों में उन्होंने अपने अच्छे डिफेंस का परिचय दिया। आम तौर पर उनके समय में अन्य भारतीय खिलाड़ी आला दर्जे के अंतरराष्ट्रीय खिलाड़ियों के सामने एक तरह से आत्मसमर्पण कर देते थे, वहीं मौसम ने इस क्षेत्र में एक अलग पहचान बनाई।

मुकाबले के सवा मिनट के बाद पावलो ने सिंगल लेग अटैक करके सहजता के साथ दो अंक हासिल किए और फिर फीतले बांधे लेकिन मौसम ने अच्छे

छलक गया जीत का प्याला... यूक्रेन के स्टार पावलो ओलिनिक मौसम खत्री के खिलाफ स्कोर बराबर होने के बाद ही जीत पाये

रक्षण का परिचय देते हुए खतरा टाल दिया। सवा दो मिनट बाद पावलो ने पिछले अटैक को दोहराते हुए अपनी बढ़त को 4–0 कर दिया। इसी ग्रिप पर पावलो ने भारंदाज लगाने का भरसक प्रयास किया लेकिन मौसम ने अच्छे रक्षण का परिचय देते हुए उन्हें और अंक नहीं लेने दिया। यह एक ऐसा पक्ष है जिसमें आम तौर पर भारतीय पहलवान लगातार अंक गंवा देते हैं लेकिन मौसम यहीं बाकियों से अलग साबित होते हैं।

दूसरे राउंड में मौसम फ्री–स्टाइल तैराकी के अंदाज में अपने हाथों का इस्तेमाल करते दिखाई दिए। वह अपने विपक्षी की लय बिगाड़ने में कामयाब रहे। चार मिनट पांच सेकंड में पावलो को 30 सेकंड का पैसिविटी टाइम दिया गया लेकिन उनके अंक न लेने पर मौसम को मुकाबले का पहला अंक हासिल करने का मौका मिल गया। यह अंक गंवाते ही पावलो ने डबल लेग अटैक का प्रयास किया, जिस पर मौसम ने न सिर्फ अच्छा बचाव किया बल्कि जवाबी हमले के साथ दो अंक भी जुटा लिए। इस तरह मौसम ने स्कोर 3–4 कर दिया। जब मुकाबले के समाप्त होने में 21 सेकंड बाकी थे तो पावलो को कॉशन दिया गया, जिससे मौसम स्कोर को 4–4 से बराबर करने में सफल रहे। अंत तक यही स्कोर रहा। आखिरी अंक मौसम का था, जबकि पावलो दो बार दो–दो अंक हासिल करने में सफल रहे थे, जिससे पावलो को विजयी घोषित किया गया। मौसम बेहद मामूली अंतर से उलटफेर करने से चूक गए। इसमें कोई शक नहीं कि मुकाबला पावलो ने जीता लेकिन सबका दिल मौसम ने जीता। उन्होंने साबित कर दिया कि भारतीय दंगलों में लोग उनके ऐसे ही मुरीद नहीं बने। उनकी कड़ी तपस्या ने उन्हें एक ऐसे पहलवान का दर्जा दिया है कि वह दुनिया के किसी भी आला दर्जे के पहलवान के खिलाफ दिलेरी से लड़ते हैं और इसके लिए उनके पास अच्छा डिफेंस है, जहां से निकलकर वह कई बार विपक्षी पर आक्रमण भी बोल देते हैं।

*एक और जीत...*क्यूबा के लीवान लोपेज को वर्ल्ड चैम्पियनशिप के बाद नरसिंह यादव ने एक बार फिर हराकर दिखा दिया कि वही हैं चैम्पियन

आखिरी समय की आक्रामकता ने दिखाया असर

टीम	: हरियाणा हैमर्स Vs बैंगलुरु योद्धा
मुक़ाबला	: लीवान लोपेज Vs नरसिंह यादव
फेज़ (चरण)	: लीग
वजन	: 74 किलो
रेफरी	: अशोक कुमार
सीज़न	: 1
दिनांक	: 16 दिसम्बर, 2015

क्यूबा के लीवान लोपेज और नरसिंह यादव के बीच की भिडंत का काफी संख्या में कुश्ती प्रेमी इंतज़ार कर रहे थे। एशियन गेम्स के बाद 2015 की वर्ल्ड चैम्पियनशिप में भी ब्रॉन्ज़ मेडल जीतकर नरसिंह पर सबकी निगाहें थीं। वहीं लीवान लोपेज को इससे पहले ही वर्ल्ड चैम्पियनशिप में दो ब्रॉन्ज और एक सिल्वर हासिल हो चुके थे। यहां तक कि लंदन ओलिम्पिक में भी इवान लोपेज के नाम एक सिल्वर मेडल दर्ज था लेकिन नरसिंह से उम्मीदें इसलिए ज़्यादा थीं क्योंकि उन्होंने लास वेगास में वर्ल्ड चैम्पियनशिप के क्वॉर्टर फाइनल में लीवान लोपेज को 16–5 के एकतरफ़ा अंतर से हराया था। यानी तकनीकी फॉल से वह विजयी रहे थे।

इस मुकाबले को देखने के लिए सिने स्टार मल्लिका सहरावत मौजूद थीं, जो हरियाणा टीम की हौसला आफ़ज़ाई करने आई थीं लेकिन उनकी मौजूदगी से हरियाणा टीम के लीवान लोपेज की लगता है कि ठीक से हौसला आफज़ाई हो नहीं पा रही थी और नरसिंह मुकाबले में हावी रहे।

पहले दो मिनट कोई स्कोर न बनने पर लोपेज को 30 सेकंड का पैसिविटी टाइम दिया गया लेकिन इस दौरान लोपेज अंक नहीं बना पाए जिससे नरसिंह को मुकाबले का पहला अंक हासिल हुआ। एक अंक से पिछड़ने के

बाद लोपेज आक्रामक दिखाई दिए। एक अभियान पर उन्होंने नरसिंह के पीछे आने की कोशिश की लेकिन नरसिंह ने उनके एक पैर को पकड़कर अपने कब्ज़े में किया और दो अंक हासिल करके अपनी बढ़त को 3–0 कर दिया। इसके बाद दोनों रेड ज़ोन पर जूझते दिखाई दिए। यहां नरसिंह ने एक अंक बटोरकर 4–0 से बढ़त बना ली। इसके बाद नरसिंह को निष्क्रियता की वजह से एक अंक खोना पड़ा क्योंकि उनके खिलाफ एक कॉशन अंक दिया गया।

दूसरे राउंड में दोनों के बीच मुकाबला दिलचस्प हो गया। पौने पांच मिनट का समय समाप्त होने के बाद नरसिंह एक प्रयास पर चूक गए। वहीं लोपेज ने खेमे पोज़ीशन में घूमकर चार अंक जुटा लिए। इस तरह 1–4 से पिछड़ने वाले लोपेज अब 5–4 से आगे हो गए और नरसिंह पर हार का खतरा मंडराने लगा। आखिरी दस सेकंड में नरसिंह डबल लेग अटैक करने में चूके लेकिन इसके बावजूद वह पीछे आने में सफल ज़रूर हो गए। यहीं से उन्होंने उल्टी पुट्ठी की पोज़ीशन बनाई और लोपेज को नीचे गिराने के साथ ही उन्होंने दो अंक बटोर लिए। इसी पोज़ीशन पर भारंदाज के साथ उन्होंने यह मुकाबला 8–5 से जीत लिया। इस तरह से कुश्ती प्रेमियों के लिए उतार–चढ़ाव से भरा मुकाबला यादगार हो गया और नरसिंह इस जीत के साथ स्टार बन गए। वह इस जीत के साथ अपनी टीम को 2–3 के स्कोर पर ले आए।

मुकाबले के बाद नरिसंह ने इस बात की खुशी ज़ाहिर की कि उन्होंने वर्ल्ड चैम्पियनशिप में कई पदक जीत चुके एक अनुभवी पहलवान को हराया है।

अनुभवी गैनज़ोरिग के सामने रजनीश

टीम	: पंजाब रॉयल्स Vs यूपी वारियर्स
मुक़ाबला	: रजनीश Vs गैनज़ोरिग मंदाकरनन
फेज़ (चरण)	: लीग
वजन	: 65 किलो
रेफरी	: जुआंग दावून (कोरिया)
सीज़न	: 1
दिनांक	: 13 दिसम्बर, 2015

पंजाब–यूपी मुकाबले के 65 किलोग्राम वर्ग में फेवरेट गैनज़ोरिग ही थे। उन्हें उनकी टीम ने 13 लाख की बोली लगाकर अपनी टीम में शामिल किया था जबकि रजनीश को अपनी टीम में शामिल करने के लिए पंजाब की टीम ने उन पर केवल सात लाख रुपये की बोली लगाई थी। गैनज़ोरिग के पास अंतरराष्ट्रीय कुश्तियों का लम्बा अनुभव था। 2010 के एशियाई खेलों के गोल्ड मेडलिस्ट होने के अलावा उनके नाम एशियाई चैम्पियनशिप में तीन और वर्ल्ड चैम्पियनशिप में दो पदक थे। वहीं रजनीश के नाम किसी बड़े स्तर की अंतरराष्ट्रीय प्रतियोगिता के सीनियर वर्ग में पदक नहीं थे। सिवाय इसके कि वह 2013 की कॉमनवेल्थ चैम्पियनशिप के गोल्ड मेडलिस्ट थे।

इस मुकाबले के शुरू होने से पहले टॉस के समय दोनों टीमों की आइकन खिलाड़ी गीता और बबीता को आना था लेकिन गीता नहीं उतरीं। उन्होंने वर्ल्ड चैम्पियन व्लादीमिर खिनचेंगाशिवली को उतारकर सबको आश्चर्यचकित कर दिया। नियमों के मुताबिक आइकन खिलाड़ी को ब्लॉक नहीं किया जा सकता लेकिन व्लादीमिर टॉस करने के बावजूद खुद को ब्लॉक होने से नहीं बचा पाये। एक तरह से यह पंजाब के लिए बड़ा झटका था क्योंकि व्लादीमिर सर्गेई रातुशिनी के मुकाबले कहीं बेहतर स्तर के पहलवान थे।

बहरहाल, लुधियाना में हुए इस मुकाबले में रजनीश मेजबान टीम के सदस्य थे। इस मुकाबले में हर कोई गैनज़ोरिग को फेवरेट मानकर चल रहा था। रजनीश को मुकाबले के 55 सेकंड में ही हाथों के पंजे का विपक्षी के खिलाफ इस्तेमाल

ये तो कमाल हो गया.... मंगोलिया के गैनज़ोरिग को हराकर रजनीश हर किसी के लाड़ले बन गये

करने के लिए रेफ़री ने चेतावनी दी। रजनीश इसके बाद 30 सेकंड के पैसिविटी टाइम में अंक नहीं ले पाए जिससे गैनज़ोरिग को मुकाबले का पहला अंक हासिल हुआ। पहला राउंड समाप्त होने से चार सेकंड पहले ही गैनज़ोरिग ने रजनीश को रेड ज़ोन से बाहर निकालकर न सिर्फ एक अंक बटोरा, बल्कि अपनी बढ़त को भी 2–0 कर दिया।

दूसरे राउंड में रजनीश के इरादे कुछ और ही थे। इस राउंड की धमाकेदार शुरुआत के साथ ही उन्होंने सिंगल लेग अटैक के साथ दो अंक हासिल किए और स्कोर को 2–2 से बराबर कर दिया और यहीं से उन्होंने फीतले बांधने की एक असफल कोशिश की। मगर इस दांव को लगाने में असफल होने के बाद वह कूदकर पीछे आए और सिंगल लेग अटैक के साथ वह मुकाबले में पहली बार बढ़त बनाने में सफल हो गये। इस तरह दो अंकों की बढ़त का मनोवैज्ञानिक लाभ लेते हुए उन्होंने पांचवें मिनट में खेमे की पोज़ीशन से गैरज़ोरिग के खिलाफ दो अंक और हासिल कर लिए। इस तरह कुश्ती के खेल में रजनीश 6–2 के टेनिस स्कोर से आगे हो गए। इसी दौरान गैनज़ोरिग के एक हमले पर जवाबी हमला बोलते हुए रजनीश ने दो अंकों के साथ अपनी बढ़त को 8–2 कर दिया। जब पांचवां मिनट समाप्ति की ओर था तो गैनज़ोरिग ने रेड ज़ोन पर उनके पीछे आकर अंतर को कम कर दिया और आखिरी 11 सेकंड में रेड ज़ोन से बाहर धकेलने के साथ गैनज़ोरिंग 7–8 के स्कोर पर पहुंच गए। अब मुकाबला समाप्त होने में केवल दस सेकंड बाकी थे और रजनीश के पास एक अंक की बढ़त थी। रजनीश ने इस मौके पर आक्रामकता दिखाई जो उत्साह में ज़्यादा थी, विश्वास में कम थी। वह जानते थे कि वह उस मौके पर गैनज़ोरिग के मजबूत डिफेंस को भेद नहीं पाएंगे लेकिन इस प्रयास में उनके लिए राहत इस बात की थी कि वह मुक़ाबले का बचा हुआ दस सेकंड का समय व्यतीत करके 8–7 से यह मुकाबला जीतने में सफल रहे। यह एक बड़ा उलटफेर था, जिसने रजनीश को पीडब्ल्यूएल में एक अलग पहचान दी। पंजाब रॉयल्स के को–ओनर और फिल्म स्टार धर्मेंद्र उनकी इस जीत से बहुत खुश हुए और उन्होंने मंच पर आकर रजनीश को गले लगा लिया।

तगड़ी टीम, कमज़ोर प्रदर्शन... प्रदीप (सफेद पोशाक में) अब तक तो दिग्गजों से हारते थे लेकिन इस बार जूनियर पहलवान दिनेश से भी हार गये। वह तगड़ी टीम की कमज़ोर कड़ी साबित हुए

जूनियर नैशनल चैम्पियन
Vs
सीनियर नैशनल चैम्पियन

टीम	:	रेवांता मुम्बई गरुड़ Vs दिल्ली वीर
मुक़ाबला	:	प्रदीप Vs दिनेश
फेज़ (चरण)	:	लीग
वजन	:	74 किलो
रेफरी	:	वीरेंद्र मलिक
सीज़न	:	1
दिनांक	:	21 दिसम्बर, 2015

दिल्ली और मुम्बई के बीच मुकाबले में यह भिड़ंत 2014 के जूनियर नैशनल चैम्पियन दिनेश और सीनियर नैशनल चैम्पियन प्रदीप के बीच थी। उस समय दोनों टीमों का स्कोर 1–1 से बराबर था। इस मुकाबले को जीतने वाली टीम को निश्चय ही मनोवैज्ञानिक बढ़त मिल जाती।

दिनेश जूनियर एशियाई चैम्पियनशिप के ब्रॉन्ज़ मेडलिस्ट थे जबकि प्रदीप के लिए यह लीग बेहद अनलकी साबित हुई क्योंकि वह जिस भी मुकाबले में उतरे, उन्हें हार का सामना करना पड़ा। प्रदीप को इस मुकाबले में जीत की काफी उम्मीद थी। उन्होंने शुरुआत भी अच्छी की और दिनेश को रेड ज़ोन से बाहर निकालकर 1–0 की बढ़त बना ली। देखते ही देखते उन्होंने दोबारा दिनेश को बाहर निकालकर अपनी बढ़त को 2–0 कर दिया। उस समय विनेश के साथ डग आउट में बैठे दिल्ली वीर के सीईओ हेमंत दुआ दिनेश को चीयर करते दिखाई दिए। हाफ टाइम तक यही स्कोर रहा। दूसरे राउंड में दिनेश ने सिंगल लेग अटैक पर पीछे आकर दो अंक हासिल किए और स्कोर को 2–2 से बराबर कर दिया। इसी पकड़ पर उन्होंने भारंदाज

करके सबको चौंका दिया। यह एक तरह से जूनियर पहलवान की सीनियर पहलवान के खिलाफ जोरदार दहाड़ थी जिससे वह मुकाबले में 4–2 से आगे हो गये। करीब साढ़े तीन मिनट के बाद प्रदीप ने डबल लेग अटैक का प्रयास किया लेकिन दिनेश ने पीछे हटकर अच्छा बचाव करके इस खतरे को टाल दिया। फिर दिनेश ने सिंगल लेग अटैक पर प्रदीप को ज़ोन से बाहर निकाला और उन्हें इसके साथ ही 5–2 की बढ़त हासिल हो गई। इसके बाद प्रदीप की छटपटाहट देखने लायक थी। वह लगातार लेग अटैक का प्रयास करते रहे। वहीं दिनेश अच्छे डिफेंस से उनके हर प्रयास को विफल करते रहे। आखिरी क्षणों में दिनेश ने सिंगल लेग अटैक किया लेकिन प्रदीप को गिरने के साथ ही ऊपर से दिनेश के पांव की ग्रिप का अवसर मिल गया लेकिन जब तक दोनों अंक के लिए जद्दोजहद करते, तब तक छह मिनट पूरे हो गए थे और दिनेश एक उलटफेर करने में सफल हो गए। यह दिनेश की लीग में पहली जीत थी जबकि प्रदीप को एक बार फिर पराजय का सामना करना पड़ा। मुकाबले के बाद दिनेश ने कहा कि यह इस लीग में उनकी पहली जीत है जिससे उन्हें काफी ऊर्जा मिली है। उन्होंने इस इंटरव्यू में प्रोटीन, विटामिन आदि खाने को अपने आहार का मुख्य हिस्सा बताया।

आखिरी सात सेकंड ने बदली तकदीर

टीम	:	हरियाणा हैमर्स Vs बैंगलुरु योद्धा
मुक़ाबला	:	गीतिका जाखड़ Vs नवजोत कौर
फेज़ (चरण)	:	लीग
वजन	:	76 किलो
रेफरी	:	दाऊन जुआंग
सीज़न	:	1
दिनांक	:	14 दिसम्बर, 2015

गीतिका जाखड़ और नवजोत कौर के मुक़ाबले में यह माना जा रहा था कि गीतिका अपने अंतरराष्ट्रीय स्तर के लगातार अच्छे प्रदर्शन को दोहराएंगी क्योंकि वह देश की इकलौती ऐसी महिला खिलाड़ी हैं जिनके नाम एशियाई खेलों के दो पदक हैं। वह कई अंतरराष्ट्रीय मुकाबलों में भारत के लिए तारणहार साबित हुई हैं। रिकॉर्ड के अलावा पीडब्ल्यूएल में भी वह निक्की के खिलाफ एक मुकाबला जीत चुकी थीं लेकिन नवजोत कौर इससे पहले अपना एकमात्र मुकाबला वर्ल्ड चैम्पियन अमेरिका की एडलाइन ग्रे से हार चुकी थीं। कुछ साल पहले वर्ल्ड चैम्पियनशिप में नवजोत कौर एडलाइन को करीब–करीब चित करने की स्थिति में आ गई थीं। इसे एडलाइन की किस्मत ही कहा जाएगा कि वह उलटफेर से बच गईं। वहीं यूपी वॉरियर्स के खिलाफ मुकाबले में उन्हें ब्लॉक किया गया था। गीतिका जाखड़ जैसी अनुभवी खिलाड़ी के खिलाफ वह जिस तरह से लड़ीं, उसे देखकर ऐसा लगा जैसे उन्होंने गीतिका के खेल का बारीकी से मुआयना किया था।

पहले दो मिनट में स्कोर न बन पाने से पैसिविटी टाइम की नौबत आ गई लेकिन नवजोत कौर 30 सेकंड में स्कोर नहीं बना पाईं जिससे गीतिका को मुकाबले का पहला अंक हासिल हुआ। हाफ टाइम तक यही स्कोर रहा। दूसरे राउंड

नहीं हुआ उलटफेर.... नवजोत कौर ने अनुभवी गीतिका जाखड़ (ऑरेंज पोशाक) को कड़ी टक्कर दी लेकिन स्कोर बराबर होने के बावजूद वह उलटफेर नहीं कर पाई

में पहले राउंड जैसी स्थिति गीतिका के लिए भी आई। इस बार गीतिका इन 30 सेकंड में कोई कमाल नहीं कर पाईं जिससे स्कोर 1–1 से बराबर हो गया। नवजोत ने आखिरी मिनट की शुरुआत में गीतिका को सिंगल लेग अटैक पर गिराया और रेड ज़ोन पर उन्हें दो अंक हासिल हुए। इस तरह मुकाबला समाप्त होने में 25 सेकंड पहले वह गीतिका से दो अंक से आगे थीं। उस समय गीतिका बराबरी पर आने के लिए जूझ रही थीं। आखिरकार वह घड़ी आ गई, जब मुकाबले का रुख तय होना था। मुकाबला समाप्त होने में जब केवल सात सेकंड बाकी थे कि गीतिका ने अपना पसंदीदा धोबी दांव लगा दिया। यह ऐसा दांव है, जिस पर उन्होंने कई मौकों पर कुश्तियां जीती हैं या यह कहिए कि यह उनका प्रिय दांव है। इस दांव पर उन्हें मुकाबला समाप्त होने से केवल चार सेकंड पहले ही दो अंक हासिल हो गए और 3–3 की बराबरी में आखिरी अंक हासिल करने के आधार पर उन्होंने हारी हुई बाज़ी अपने पक्ष में कर ली। गीतिका ने साबित कर दिया कि कुश्ती के मुकाबले में अनुभव काफी मायने रखता है और इसके इस्तेमाल से कोई भी जंग जीती जा सकती है। मुकाबले के बाद गीतिका ने कहा कि उनका मुकाबला देखने के लिए उनका पूरा परिवार यहां आया है। उनकी कामयाबी में उनके परिवार का बहुत बड़ा हाथ रहा है और वह इस मौके पर उन्हें निराश नहीं करना चाहती थीं। उनकी इस कामयाबी पर हरियाणा टीम के को–ओनर गोल्डी बहल ने कहा कि गीतिका की जीत हमारे लिए बहुत ज़रूरी थी। उन्हें खुशी है कि उन्होंने अपने घरेलू दर्शकों को निराश नहीं होने दिया।

एकतरफा मुक़ाबला.... पूर्व वर्ल्ड चैम्पियन यूलिया राटकेविच ने मौजूदा वर्ल्ड चैम्पियन ओक्साना हरहेल (ऑरेंज पोशाक) को कुछ इस तरह हराया जैसे कोई नोसिखिये को हराता है

उम्रदराज़ खिलाड़ी का जलवा

टीम	:	हरियाणा हैमर्स Vs बैंगलुरु योद्धा
मुक़ाबला	:	ओक्साना हरहेल Vs यूलिया राटकेविच
फेज़ (चरण)	:	लीग
वजन	:	58 किलो
रेफरी	:	अशोक कुमार
सीज़न	:	1
दिनांक	:	16 दिसम्बर, 2015

दो आला दर्जे के पहलवानों की ज़ोरदार भिड़ंत को देखने के लिए हर कोई आतुर था। मुक़ाबला था – वर्ल्ड चैम्पियन ओक्साना हरहेल और लंदन ओलिम्पिक की ब्रॉन्ज़ मेडलिस्ट यूलिया राटकेवच का। ओक्साना यूक्रेन की थीं और राटकेविच बेलारूस मूल की अजरबेज़ानी। यूलिया राटकेविच वर्ल्ड चैम्पियनशिप में एक गोल्ड, दो सिल्वर और दो ब्रॉन्ज़ जीत चुकी हैं। इसके अलावा वह 2011 की यूरोपीय चैम्पियन भी थीं। वहीं ओक्साना ने लास वेगास में वर्ल्ड चैम्पियनशिप में गोल्ड मेडल जीतकर पूरी दुनिया को दिखा दिया कि उनमें काफी दमखम है। हालांकि उन्होंने यह गोल्ड 60 किलो वज़न में हासिल किया था। यहां वह 58 किलो में लड़ रही थीं। एक आमंत्रण टूर्नामेंट में दो किलो की छूट का भी उन्हें लाभ था। इस मुकाबले से पहले ही हरियाणा हैमर्स की टीम 4–1 से अपनी जीत पक्की कर चुकी थी।

दोनों ने शुरुआती मुकाबले के शुरुआती दौर में एक दूसरे की शक्ति को तोला और जब पहला मिनट समाप्ति की ओर था तो यूलिया ने सिंगल लेग अटैक पर ओक्साना को रेड ज़ोन से बाहर निकालकर पहला अंक हासिल किया। करीब ढाई मिनट के बाद यूलिया ने एक बार फिर सिंगल लेग अटैक पर पलक झपकते ही पीछे आकर स्कोर 3–0 कर दिया और फिर इसी ग्रिप पर ईरानी दांव का इस्तेमाल करके स्कोर 5–0 की बढ़त बना ली। यूलिया के इस प्रदर्शन

ने सबको चौंका दिया था। हर कोई सोच रहा था कि बीते ज़माने की इस खिलाड़ी में इतनी ऊर्जा कहां से आई क्योंकि उनका हर दांव सोलह आने सही साबित हो रहा था। हाफ टाइम तक यही स्कोर रहा।

दूसरे राउंड में यूलिया ने फिर वहीं सिंगल लेग अटैक का सहारा लिया, जिसकी बदौलत उन्हें पहले राउंड में अंक हासिल हुए थे। इस तकनीक पर वह स्कोर को 7–0 करने में सफल रहीं और फिर डबल लेग अटैक से उन्होंने स्कोर को 9–0 कर दिया। इसी स्कोर पर ओक्साना चित होने से बाल–बाल बचीं और वहीं से छलांग लगाकर यूलिया पीछे आईं और उन्होंने 11–0 के स्कोर के साथ मुकाबले को तकनीकी फॉल के आधार पर जीत लिया। यह मुकाबला तीन मिनट 53 सेकंड में ही खत्म हो गया। इस तरह वर्ल्ड चैम्पियन से जो अपेक्षाएं थीं, उस पर ओक्साना खरी नहीं उतरीं। 31 साल की यूलिया ने 23 साल की ओक्साना को जिस तरह हराया, उससे ऐसा लगा ही नहीं कि कुश्ती के खेल में ढलती उम्र में कोई खिलाड़ी इतना अच्छा प्रदर्शन कर सकता है और वह भी मौजूदा वर्ल्ड चैम्पियन के खिलाफ। इस जीत के साथ यूलिया राटकेविच ने भारतीय कुश्ती प्रेमी जनता को अपना मुरीद बना दिया। उनके हर दांव पर दर्शकों ने खूब तालियों के साथ उनका स्वागत किया।

नहीं भूलती वह चार अंक की तकनीक

टीम	: दिल्ली वीर Vs यूपी वॉरियर्स
मुक़ाबला	: कृष्ण Vs जोगिंदर
फेज़ (चरण)	: लीग
वजन	: 125 किलो
रेफरी	: जुआंग दावून (कोरिया)
सीज़न	: 1
दिनांक	: 15 दिसम्बर, 2015

यह दिल्ली–यूपी मुकाबले की तीसरी भिड़ंत थी। दोनों टीमें 1–1 से बराबरी पर थीं। कृष्ण और जोगिंदर के बीच यह भिड़ंत सुपर हैवीवेट वर्ग में थी। मुकाबले से पहले जोगिंदर को फेवरेट माना जा रहा था। इन दोनों के बीच खासकर दंगलों में कई कुश्तियां हो चुकी थीं।

मुकाबले के पहले दो मिनट में कोई अंक न बनने के कारण जोगिंदर को 30 सेकंड का पैसिविटी टाइम दिया गया लेकिन वह कोई अंक नहीं बना पाए जिससे कृष्ण को पहला अंक बनाने का मौका मिला लेकिन इसके तुरंत बाद जोगिंदर ने कृष्ण को रेड ज़ोन से बाहर धकेलकर स्कोर 1–1 से बराबर कर दिया। दो मिनट नौ सेकंड के बाद कृष्ण ने सिंगल लेग अटैक से जोगिंदर के दाएं पांव को ऊपर उठाया लेकिन जोगिंदर ने रेड ज़ोन से बाहर निकलकर कृष्ण को एक ही अंक लेने दिया।

दो मिनट 49 सेकंड में जोगिंदर ने टांग मारी। यह दांव दिखने में मुल्तानी दांव जैसा लगा जहां एक पैर से विपक्षी के पैर को उठाकर हाथ से खींचने का प्रयास किया गया जिससे जोगिंदर 3–2 की बढ़त बनाने में सफल हो गए। इसके बाद जोगिंदर ने कृष्ण को खपचड़े से गिराया और साथ ही टांग मारने का दांव खेला

बड़े अंक ने जिताया.... कृष्ण जोगिंदर (पीली पोशाक) के खिलाफ काफी पिछड़ चुके थे लेकिन उनकी सूझबूझ काम आई

जिससे वह पोज़ीशन लेने के बाद दो अंक हासिल करने में कामयाब हो गए। इस तरह जोगिंदर 5–2 से आगे हो गये।

तीन मिनट 52 सेकंड के बाद कृष्ण ने सिंगल लेग अटैक करके अपने चिर–परिचित अंदाज़ में जोगिंदर का दायां पांव ऊपर उठाया और वहीं से उन्हें गिराकर चार अंक हासिल कर लिये। इस तरह इस तकनीक से बाज़ी पूरी तरह से पलट गई। कहां तो वह 2–5 से पिछड़ रहे थे और अब वह 6–5 से आगे हो गए। इससे प्रेरित होकर कृष्ण पूरी तरह से जोश से भर गए और उन्होंने जोगिंदर की कमर को थोड़ा नीचे से पकड़ बनाकर भारंदाज करके दो अंक बटोर लिए जिससे वह 8–5 की बढ़त बनाने में सफल हो गये।

पांचवां मिनट शुरू होते ही जोगिंदर ने सिंगल लेग अटैक से कृष्ण को गिराकर दो अंकों के साथ अंतर कम कर दिया और फिर दाएं पैर पर सिंगल लेग अटैक करके कृष्ण को रेड ज़ोन से बाहर धकेलकर स्कोर को 8–8 से बराबर कर दिया। हालांकि आखिरी अंक जोगिंदर ने हासिल किया लेकिन बड़ा अंक कृष्ण के नाम था। इस आधार पर वह यह मुकाबला जीतने में सफल रहे।

PWL सीज़न 2

असली दंगल

सीजन 2

जिस तरह सीजन–1 में कई यादगार कुश्तियों ने सबका दिल जीत लिया, उसी तरह हर किसी की दूसरे सीजन से अपेक्षाएं काफी बढ़ गई थीं। इस सीजन में भी कई उलटफेर देखने को मिले और दर्शकों ने इन कुश्तियों का भरपूर लुत्फ उठाया।

इस सीजन का सबसे बड़ा उलटफेर ओलिम्पिक और वर्ल्ड चैम्पियन व्लादीमिर खिनचेंगाशिवली की संदीप तोमर के हाथों सनसनीखेज हार थी। प्रीतम इस लीग की बड़ी खोज साबित हुए। उन्होंने न सिर्फ पूर्व एशियाई चैम्पियन अमित धनकड़ को हराया बल्कि पंकज राणा के साथ उनकी दो बेहद रोचक कुश्तियों ने मुकाबले को रोमांचक बना दिया। इस सीजन की 11 यादगार कुश्तियां इस प्रकार हैं –

1. प्रीतम (मुम्बई महारथी) Vs पंकज राणा (एनसीआर पंजाब रॉयल्स) सेमीफाइनल, 18 जनवरी
2. सोफिया मैटसन (हरियाणा हैमर्स) Vs ओडुनायो एडेकुरोये (एनसीआर, पंजाब) – 19 जनवरी
3. जितेंद्र (एनसीआर पंजाब) Vs प्रवीण राणा (दिल्ली सुल्तांस) – 8 जनवरी
4. रजनीश (हरियाणा हैमर्स) Vs बजरंग (दिल्ली सुल्तांस) –11 जनवरी

5. संदीप तोमर (हरियाणा हैमर्स) Vs उत्कर्ष काले (जयपुर निंजास) – 17 जनवरी
6. संदीप तोमर (हरियाणा हैमर्स) Vs व्लादीमिर खिनचेंगाशिवली (पंजाब रॉयल्स) –16 जनवरी
7. निर्मला देवी (एनसीआर पंजाब रॉयल्स) Vs कैरोलिना कैस्टिलो हिडाल्गो (एनसीआर मुम्बई महारथी) –18 जनवरी
8. प्रीतम (मुम्बई महारथी) Vs अमित धनकड़ (यूपी दंगल) –7 जनवरी
9. कैरोलिना कैस्टिलो हिडाल्गो (मुम्बई महारथी) Vs एलित्सा यानकोवा (यूपी दंगल) – 7 जनवरी
10. अब्दुसलाम गाडिसोव (हरियाणा हैमर्स) Vs एलिजबारक ओदिकाद्जे (जयपुर) – 17 जनवरी
11. एरिका वीब (मुम्बई महारथी) Vs जेनी फ्रेनसन (जयपुर निंजास) – 9 जनवरी

ओल्ड इज़ गोल्ड

टीम	:	मुम्बई महारथी Vs एनसीआर पंजाब रॉयल्स
मुक़ाबला	:	प्रीतम Vs पंकज राणा
फेज़ (चरण)	:	सेमीफाइनल
वजन	:	70 किलो
रेफरी	:	रोमन पावलो
सीज़न	:	2
दिनांक	:	18 जनवरी, 2017

यह युवा जोश प्रीतम और अनुभवी पंकज राणा के बीच की भिड़ंत थी। 70 किलोग्राम वर्ग में दोनों को वर्ष 2016 की राष्ट्रीय चैम्पियनशिप में तीसरा स्थान हासिल हुआ था। यह मुम्बई और पंजाब के सेमीफ़ाइनल मुकाबले की आठवीं कुश्ती थी। यही पीडब्ल्यूएल की कुश्ती का रोमांच है, जहां दो देसी पहलवानों की कुश्ती पर दोनों टीमों के ओलिम्पिक मेडलिस्ट नजरें गढ़ाए होते हैं। जहां एक ओर ओलिम्पिक चैम्पियन एरिका वीब प्रीतम की हौसला आफ़ज़ाई कर रही थीं तो वहीं दूसरे छोर पर ओलिम्पिक और वर्ल्ड चैम्पियन व्लादीमिर खिनेचेंगाशिवली पंकज को समर्थन करते दिखाई दे रहे थे।

मुकाबले के समय हर कोई यही सोच रहा थी कि 19 साल के यह युवा प्रीतम अपने से दस साल बड़े पंकज का मुकाबला कैसे कर पाएंगे। दोनों की राष्ट्रीय चैम्पियनशिप की उपलब्धि एक सी थी लेकिन अंतरराष्ट्रीय स्तर पर प्रीतम ने उसी वर्ष जूनियर एशियाई चैम्पियनशिप का सिल्वर मेडल जीतकर अपना ध्यान सबकी ओर आकर्षित किया था।

पंकज ने एक मिनट 16 सेकंड पूरा होते ही झुककर लड़ते हुए सिंगल लेग अटैक किया लेकिन जब तक वह पीछे आने की कोशिश करते, उन्हें प्रीतम ने वहीं दबा लिया और पीछे आकर दो अंक हासिल किये। यानी अटैक पंकज

*छह अंक से पिछड़ने के बाद जीत....*अनुभवी पंकज राणा (काली पोशाक) ने उभरते हुए प्रीतम से हारा मुकाबला जीतकर सबका दिल जीत लिया

का था और अच्छी चपलता का परिचय देते हुए अंक प्रीतम को हासिल हुए। इसी युवा जोश ने उसी पकड़ पर भारंदाज करके बढ़त को 4–0 कर दिया। अभी दूसरा मिनट समाप्ति की ओर था कि पंकज ने एक हाथ प्रीतम की गर्दन पर रखा, वहीं प्रीतम ने पॉवर गेम का अच्छा परिचय देते हुए उन्हें धकेलकर गिरा दिया और पोज़ीशन लेकर अपनी बढ़त को 6–0 तक पहुंचा दिया।
ढाई मिनट के बाद पंकज ने स्टैंडिंग पोज़ीशन में बगल से निकलकर पहले बैक साल्तो की पोज़ीशन बनाई और फिर फीतले बांधने का प्रयास किया मगर दोनों प्रयासों पर असफल रहने के बाद उन्होंने प्रीतम के दोनों घुटने मैट पर लगाकर दो अंक लेना ही मुनासिब समझा। इस तरह पहले राउंड की समाप्ति पर पंकज 2–6 से पिछड़ रहे थे।
दूसरे राउंड में पंकज ने डबल लेग अटैक किया, वहीं प्रीतम ने पंकज के कंधों को रोककर उन्हें गिराकर दो अंक हासिल कर लिए जिससे उनकी कुल बढ़त 8–2 हो गई। वहीं पंकज ने जवाबी हमले के साथ दो अंक लेकर अंतर कम कर दिया। तब तक मुकाबले के चार मिनट समाप्त हो चुके थे और पंकज आधे अंकों से पीछे थे। पौने पांच मिनट में पंकज ने सिंगल लेग अटैक से अंतर और कम किया। इन दो अंकों के साथ दोनों टीमों के खेल प्रेमियों की धड़कने तेज़ हो गईं। पंजाब को अपने अनुभवी पहलवान पर गुमान था जबकि मुम्बई को अपने युवा जोश पर भरोसा था। आखिरकार मुकाबले के निर्णायक दौर की घड़ी आ गई। सवा पांच मिनट के बाद पंकज ने एक बार फिर सिंगल लेग अटैक किया और बगल से निकलकर स्टैंडिंग पोज़ीशन से गिरा दिया और 28 सेकंड की अच्छी खासी जद्दोजहद के बाद पंकज निर्णायक दो अंक जुटाने में कामयाब हो गए और स्कोर 8–8 से बराबर हो गया। आखिरी अंक पंकज ने हासिल किया था, इस आधार पर बाकी का समय निकालकर उन्होंने हारी हुई बाज़ी को जीत लिया। उनकी इस जीत पर पंजाब का खेमा खुशी से झूम उठा और चारों तरफ बल्ले–बल्ले का शोर गूंजने लगा। युवा जोश पर अनुभव भारी पड़ा। ओल्ड इज़ गोल्ड की कहावत साकार हो उठी।

असमंजस... ओडुनायो (काली पोशाक) और सोफिया मैटसन में कौन जीता, इसे लेकर देर तक असमंजस बना रहा। आखिरकार जूरी ने सोफिया के पक्ष में फैसला दिया

जूरी ने किया दूध का दूध, पानी का पानी

टीम	: हरियाणा हैमर्स Vs एनसीआर पंजाब रॉयल्स
मुक़ाबला	: सोफिया मैटसन Vs ओडुनायो
फेज़ (चरण)	: फाइनल
वजन	: 53 किलो
रेफरी	: वीरेंद्र मलिक
सीज़न	: 2
दिनांक	: 19 जनवरी, 2017

स्वीडन की सोफ़िया मैटसन को पहले सीज़न में दिल्ली वीर ने अपनी टीम में शामिल किया था लेकिन ओलिम्पिक वर्ष होने की वजह से उनके देश की ओलिम्पिक एसोसिएशन ने अपने किसी भी खिलाड़ी के किसी भी लीग में भाग लेने पर रोक लगा दी थी, जिससे ओडुनायो के साथ उनकी कुश्ती नहीं हो पाई। इन दोनों के बीच 53 किलो की कुश्ती फ़ाइनल मुकाबले से पहले सबसे अधिक चर्चा का विषय थी। इसकी बड़ी वजह यह थी कि पुराना रिकॉर्ड सोफ़िया के पक्ष में था लेकिन ओडुनायो पीडब्ल्यूएल की स्टार थी। सोफ़िया के नाम रियो ओलिम्पिक का ब्रॉन्ज़ मेडल होने के अलावा वर्ल्ड चैम्पियनशिप के पांच पदक थे, जिनमें एक गोल्ड, तीन सिल्वर और एक ब्रॉन्ज़ शामिल है। इसके अलावा वह चार बार की यूरोपीय चैम्पियन भी थीं लेकिन वहीं ओडुनायो न सिर्फ कॉमनवेल्थ गेम्स की गोल्ड मेडलिस्ट थीं बल्कि वर्ल्ड चैम्पियनशिप की मौजूदा ब्रॉन्ज़ मेडलिस्ट थीं। 2016 में ही गोल्डन ग्रां प्री जीतकर उन्होंने खुद को बेजोड़ पहलवान के रूप में साबित कर दिया था। सोफिया ने उन्हें रियो ओलिम्पिक के पहले राउंड में भी हराया था और उससे पहले लास वेगास में वर्ल्ड चैम्पियनशिप में भी शिकस्त दी थी। मगर पीडब्ल्यूएल के लीग मुकाबले में ओडुनायो ने सोफ़िया को एकतरफा मुकाबले में हराकर साबित कर दिया कि यह उनका लकी मंच है और यहां वह विजय रथ पर सवार है।

हरियाणा और पंजाब के बीच इस मुकाबले की शुरुआत हुई तो दोनों टीमें तीन–तीन मुकाबले जीत चुकी थीं। दोनों के मुकाबले को देखकर कुश्ती प्रेमियों को अपनेपन का अहसास हुआ क्योंकि ये विदेशी बालाएं देसी अंदाज़ में कुश्ती लड़ रही थीं। दोनों ने मुकाबले की शुरुआत एक दूसरे की उंगलियां फंसाकर और सिर के साथ सिर मिलाकर की। पहले दो मिनट में अंक न बनने पर ओडुनायो के लिए 30 सेकंड का पैसिविटी टाइम शुरू हुआ। इस दौरान भी दोनों की वही पोज़ीशन देखने को मिली जो पहले दो मिनट में देखने को मिली थी। नतीजतन ओडुनायो इस दौरान अंक नहीं बटोर पाईं जिससे सोफ़िया के अंकों का खाता खुला। उसके बाद सोफिया ने डबल लेग अटैक का प्रयास किया लेकिन ओडुनायो ने अच्छा बचाव करके खतरा टाल दिया। मध्यांतर तक यही स्कोर रहा। साढ़े चार मिनट के बाद सोफ़िया पैसिविटी टाइम का फायदा नहीं उठा पाई जिससे ओडुनायो ने अंक जुटाकर बराबरी कर ली। इसके बाद उन्होंने अपने चिर परिचित अंदाज़ में सिंगल लेग अटैक किया। उसी पल सोफ़िया ने भी साइड पर आकर कुंदे उठा दिए। इसी पोज़ीशन में ओडुनायो ने स्थिति पलट दी और सोफ़िया को चित करने की कोशिश में अपनी सारी ऊर्जा झोंक दी लेकिन सोफ़िया ने बांगड़ी दांव का इस्तेमाल करते हुए खतरे को टाल दिया। इस तरह अब मुकाबला समाप्त होने में केवल आधा मिनट बाकी था और स्कोर 1–1 से बराबरी पर था। इसके बाद सोफिया ने डबल लेग अटैक करने के साथ ही उनकी दोनों पैरों के बीच से सिर निकालकर काखी दांव लगाया और पीछे आकर दो अंक बटोर लिए और वह 3–1 से आगे हो गईं। इसके बाद ओडुनायो को एक तेज़ एक्शन पर दो अंक दिए गए जिससे स्कोर 3–3 से बराबर हो गया। हालांकि रेफ़री वीरेंद्र मलिक के इस फैसले पर कई सवाल उठे। आखिरी क्षणों में दोनों की ओर से एक्शन इतना तेज़ था कि एक एंगल से ऐसा लग रहा था कि ओडुनायो ने सोफिया को गिराया है और दूसरे एंगल से साफ लग रहा था कि सोफ़िया ने ओडुनायो को गिराया है। इस बारे में अंतिम फैसला वीएन प्रसूद और अशोक कुमार की जूरी ने किया और सोफ़िया के पक्ष में फैसला सुनाकर हरियाणा की बल्ले–बल्ले कर दी। दरअसल एक दूसरे को गिराने के इस एक्शन के बाद दोनों पहलवान प्रसन्न मुद्रा में थीं। मगर जूरी ने दूध का दूध और पानी का पानी करके इस मामले को सुलझा दिया।

चार अंक से पिछड़ने के बाद शानदार जीत

टीम	: कलर्स दिल्ली सुलतांस Vs एनसीआर पंजाब रॉयल्स
मुक़ाबला	: प्रवीण राणा Vs जितेंद्र
फेज़ (चरण)	: लीग
वजन	: 74 किलो
रेफरी	: वेस्ना पेपेरस्की
सीज़न	: 2
दिनांक	: 8 जनवरी, 2017

प्रवीण राणा और जितेंद्र की यह भिडंत 74 किलो में हुई। बेशक जितेंद्र मौजूदा राष्ट्रीय चैम्पियन होने के साथ ही कॉमनवेल्थ चैम्पियनशिप के भी गोल्ड मेडलिस्ट थे लेकिन प्रवीण राणा 2013 और 2014 के गोल्ड मेडलिस्ट होने के अलावा 2013 के कॉमनवेल्थ चैम्पियनशिप के गोल्ड मेडलिस्ट थे। एक समय तो प्रवीण राणा को सुशील और नरसिंह यादव के बाद 74 किलो वर्ग में सबसे बढ़िया पहलवान माना जाता था और रियो ओलिम्पिक के लिए उनके नाम की घोषणा रिज़र्व खिलाड़ी के तौर पर कर दी गई थी। मौजूदा प्रदर्शन जितेंद्र का अच्छा होने के बावजूद प्रवीण राणा को अनुभवी होने की वजह से फेवरेट माना जा रहा था। वैसे दोनों के पुराने मुक़ाबलों में भी बराबरी का संघर्ष देखा गया था। दोनों के लड़ने की शैली भी अलग–अलग थी। प्रवीण जहां अच्छी शुरुआत करके पहले राउंड मे ज़्यादा से ज़्यादा अंक बटोरने में यकीन करते थे, वहीं जितेंद्र की शुरुआत आम तौर पर थोड़ी धीमी रहती है लेकिन दूसरे राउंड में उनकी तेज़ी देखने लायक होती है। इसकी बड़ी वजह यह है कि वह आखिर तक अपनी ऊर्जा बचाकर रखते हैं। जिस समय ये मुकाबला शुरू हुआ, उस समय पंजाब की टीम 1–0 से आगे थी और कलर्स दिल्ली सुल्तान की टीम बराबरी पर आने के लिए आतुर थी।

खतरे की घंटी... **प्रवीण राणा से चार अंकों से पिछड़ने के बाद जितेंद्र ने शानदार जीत के साथ उनके लिए खतरे की घंटी बजा दी। इसका असर बाद की कई प्रतियोगिताओं में देखने को मिला**

एक मिनट 44 सेकंड के बाद प्रवीण ने पीछे आकर अच्छी खासी मशक्कत के बाद घुटने मैट पर लगाए और 2–0 की बढ़त हासिल की। प्रवीण के बारे में कहा जाता है कि वह जब अंक बटोरते हैं तो बटोरते ही चले जाते हैं। वहीं यहां भी हुआ क्योंकि इसी ग्रिप पर उन्होंने भारंदाज से दो और अंक बटोरकर अपनी बढ़त को 4–0 कर दिया। उस समय ऐसा लग रहा था कि प्रवीण का अनुभव जितेंद्र पर भारी पड़ रहा है और वह इस बार वही कुछ करने जा रहे हैं जो वह अक्सर अपने वज़न में करते हैं। दूसरे राउंड में 44 सेकंड के बाद प्रवीण को उंगलियां मोड़ने के लिए एक कॉशन दिया गया, जिससे जितेंद्र मुकाबले का पहला अंक जुटाने में सफल रहे। दरअसल, यह एक ऐसा पक्ष है जिस पर भारतीय खिलाड़ियों को युद्ध स्तर पर ध्यान देने की जरूरत है क्योंकि कई अंतरराष्ट्रीय प्रतियोगिताओं में यह दिक्कत भारतीय खिलाड़ियों के लिए महंगी साबित हुई है। यहां यही अंक एक तरह से मुकाबले का टर्निंग पॉइंट साबित हुआ। जितेंद्र ने यहीं से भारंदाज लगाकर दो अंक और बटोरे। इस तरह दोनों के बीच अब अंतर केवल एक अंक का रह गया। जितेंद्र प्रवीण से उंगलियों की पकड़ को लगातार छुड़ाते रहे। साढ़े पांच मिनट खत्म होने के बाद जितेंद्र ने छलांग लगाकर सिंगल लेग अटैक किया, जिस पर प्रवीण ने अच्छा बचाव करके इस खतरे को टाल दिया। फिर मुकाबले के समाप्त होने में जब केवल 16 सेकंड रह गए थे तो जितेंद्र ने सिंगल लेग अटैक पर दो अंक हासिल करके 5–4 की बढ़त बना ली। इस तरह 0–4 से पिछड़ने के बाद जितेंद्र एक अंक के अंतर से मुकाबला जीतने में सफल रहे। इस जीत ने जितेंद्र के लिए एक तरह से टॉनिक का काम किया जिसने इसके बाद के मुकाबलों में अहम भूमिका निभाई।

चौंकाने वाला परिणाम... बजरंग इस मुकाबले में रजनीश (ओरेंज पोशाक) के सामने उलटफेर के शिकार हो गये

जो पहले कभी नहीं हुआ, वह इस बार हो गया

टीम	:	हरियाणा हैमर्स Vs कलर्स दिल्ली सुलतांस
मुक़ाबला	:	रजनीश Vs बजरंग
फेज़ (चरण)	:	फाइनल
वजन	:	65 किलो
रेफरी	:	वेस्ना पेपेरस्की
सीज़न	:	2
दिनांक	:	11 जनवरी, 2017

बजरंग और रजनीश के मुकाबले जब भी हुए हैं, उनमें बजरंग ही हावी रहे हैं लेकिन इस बार के मुकाबले पर सबकी खास तौर पर नज़रें थीं। इसकी बड़ी वजह बजरंग का पूरी तरह फिट न होना बताया जा रहा था। दोनों के अंतरराष्ट्रीय प्रदर्शन पर गौर करें तो उसमें भी बजरंग रजनीश पर हावी दिखाई दिए हैं क्योंकि उनके नाम न सिर्फ वर्ल्ड चैम्पियनशिप का पदक था बल्कि एशियाई खेलों और कॉमनवेल्थ गेम्स के सिल्वर मेडल भी उनके नाम दर्ज थे। वहीं रजनीश की कोपा ब्राज़ील और कॉमनवेल्थ चैम्पियनशिप की उपलब्धियां चार–पांच वर्ष पुरानी थी लेकिन सीज़न 1 में रजनीश ने जिस तरह उलटफेर किए हैं, उससे उनसे सबकी उम्मीदें बढ़ गई थीं। जब ये दोनों दिग्गज इस बार उतरे, उस समय दोनों टीमों का स्कोर 2–2 से बराबर था। दोनों ने मुकाबले की शुरुआत दायें पैंतरे के साथ की। 40 सेकंड में ही रजनीश ने डबल लेग अटैक के साथ दो अंक हासिल करके अपने इरादे ज़ाहिर कर दिए थे। रजनीश इतने से ही नहीं रुके। उन्होंने डेढ़ मिनट में सिंगल लेग अटैक पर बजरंग को रेड ज़ोन पर गिराया और अपनी बढ़त को

4–0 कर दिया। बजरंग ने दो बार बाहरली टांग का प्रयास किया और फिर सिंगल लेग अटैक पर मुकाबले में पहली बार दो अंक बटोरे। ढाई मिनट के बाद बजरंग के ठीक ऐसे ही एक प्रयास पर रजनीश ने अच्छे डिफेंस का परिचय देकर खतरा टाल दिया।

बीच में रजनीश के धीमा होने पर उनके खिलाफ 30 सेकंड का पैसिविटी टाइम दिया गया मगर रजनीश इस दौरान अंक हासिल नहीं कर पाए जिससे स्कोर 3–4 हो गया। दो मिनट 36 सेकंड पर रजनीश की सिंगल लेग अटैक के लिए लम्बी छलांग पर बजरंग बाल–बाल बचे। पहले राउंड के आखिरी क्षणों में रजनीश ने डबल लेग अटैक किया जिस पर बजरंग ने कमर से कुंदे उठाने का प्रयास किया लेकिन इसी जद्दोजहद में तीन मिनट का पहला राउंड समाप्त हो गया। 3–4 से पिछड़ने के बाद दूसरे राउंड में बजरंग ने शुरुआत आक्रामक ढंग से की और सिंगल लेग अटैक किया लेकिन इसमें उन्होंने समय ज़्यादा ही लगा दिया जिसका भरपूर फायदा उठाते हुए रजनीश ने दो अंक जुटाकर बजरंग को बैकफुट पर धकेल दिया। इसके बाद रजनीश ने इसी अटैक पर एक अंक और बटोरकर अपनी बढ़त को 7–3 कर लिया। बजरंग ने दो अंक देने के बजाय ज़ोन से बाहर निकलकर एक अंक ही दिया था। करीब सवा चार मिनट पूरे होने के बाद बजरंग ने सिंगल लेग अटैक किया, वहीं रजनीश ने भी मौका देखते ही जनेऊ दांव लगा दिया, जिससे उन्होंने अपनी बढ़त को 9–3 कर दिया। इसके साथ ही बजरंग ने भी मौका देखते हुए दो अंक बटोरकर बढ़त को कम कर दिया। बजरंग एक अन्य सिंगल लेग अटैक पर 12 सेकंड के होल्ड के बावजूद अंक हासिल नहीं कर पाए। बाकी बचे हुए समय में स्टैंडिंग कुश्ती चलती रही और छह मिनट पूरा होते ही रजनीश बजरंग को 9–5 से हराकर एक बड़ा उलटफेर करने में सफल हो गए। यानी जो पहले कभी नहीं हुआ था, वह इस मुकाबले में हुआ। डग आउट में बैठे अनुराग बत्रा बजरंग के हर अंक पर भांगड़ा करते दिखाई दिए थे लेकिन उन्हें भी मुकाबले के बाद शांत मुद्रा में देखा गया जबकि आम तौर पर जीत या हार का उनके स्वभाव पर कोई असर नहीं पड़ता था।

ओलिम्पिक और वर्ल्ड चैम्पियन को हराकर संदीप तोमर ने चौंकाया

टीम	:	हरियाणा हैमर्स Vs एनसीआर पंजाब रॉयल्स
मुक़ाबला	:	संदीप तोमर Vs व्लादीमिर खिनेचेंगाशिवली
फेज़ (चरण)	:	लीग
वजन	:	57 किलो
रेफरी	:	वेस्ना पेपेरस्की
सीज़न	:	2
दिनांक	:	16 जनवरी, 2017

व्लादीमिर खिनचेंगाशिवली की कुश्ती हो और दर्शक उसे टकटकी लगाकर न देखें, ऐसा हो ही नहीं सकता। वह प्रो रेसलिंग लीग के अकेले ऐसे खिलाड़ी हैं जो ओलिम्पिक और वर्ल्ड चैम्पियन होने के साथ–साथ मौजूदा यूरोपीय चैम्पियन भी थे और संदीप तोमर के खिलाफ मुकाबले से पहले अपने चारों मुकाबले जीत चुके थे। वहीं संदीप भी अपने पूरे शवाब पर थे। इस 26 वर्षीय पहलवान ने चार में से तीन मुकाबले अपने नाम किए थे जबकि एक में वह अपने परम्परागत प्रतिद्वंद्वी राहुल आवारे से हारे थे। उनकी महाराष्ट्र के ही उत्कर्ष काले के साथ कुश्ती बेहद रोमांचक रही थी, जिसमें संदीप की आखिरी क्षणों की सूझबूझ कारगर रही थी। दरअसल भारतीय दल में वह साक्षी मलिक के बाद दूसरे ऐसे खिलाड़ी थे जिन्होंने अपने प्रदर्शन को फर्श से अर्श पर पहुंचाया। विदेशों में आयोजित अंतरराष्ट्रीय प्रतियोगिताओं में उनका प्रदर्शन काफी अच्छा रहा है। 2016 में एशियाई चैम्पियनशिप का गोल्ड जीतना उनकी एक अन्य बड़ी उपलब्धि रही। पहले दो मिनट तक कोई अंक न बनने पर संदीप तोमर 30 सेकंड के पैसिविटी टाइम में भी कोई अंक नहीं बटोर पाये जिससे व्लादीमिर 1–0 से आगे हो गये।

सनसनीखेज जीत.... संदीप तोमर ने ओलिम्पक, वर्ल्ड और यूरोपीय चैम्पियन व्लादीमिर को हराकर सबको चौंका दिया

खास बात यह रही कि पहले राउंड में यही स्कोर रहा और कोई भी एक दूसरे को नीचे नहीं गिरा सका। व्लादीमिर को नीचे गिराने का अवसर न देकर ही उन्होंने खूब तालियां बटोर लीं।

पौने चार मिनट पूरे होने पर व्लादीमिर ने संदीप को गर्दन से पकड़कर अंदरली टांग लगाने की कोशिश की। मगर इसका कोई लाभ नहीं हुआ। इस राउंड में व्लादीमिर को 30 सेकंड का पैसिविटी टाइम दिया गया जिस पर वह अंक हासिल नहीं कर पाए जिससे संदीप को उनके बराबर आने का मौका मिल गया। इसके बाद सिंगल लेग अटैक पर संदीप ने व्लादीमिर को गिराया लेकिन वह इस बार सम्भल गए। जब मुकाबला समाप्त होने में 16 सेकंड बचे थे तो व्लादीमिर के एक आक्रमण पर जवाबी हमला करते हुए संदीप ने दो अंक बटोर लिये। इस तरह उनकी बढ़त 3–1 हो गई और बाकी का 11 सेकंड का समय संदीप ने आसानी से निकाल लिया। इस तरह भारतीय ज़मीं पर ओलिम्पिक, वर्ल्ड और यूरोपीय चैम्पियन को शिकस्त खानी पड़ी। हालांकि व्लादीमिर का मुकाबले के दौरान कई मौकों पर शिथिलता दिखाना समझ से परे था लेकिन ऐसा ज़रूर लगा कि आखिरी लीग मुकाबले को उन्होंने उतना गम्भीरता से नहीं लिया क्योंकि उनकी टीम पहले ही फ़ाइनल में अपना स्थान सुनिश्चित कर चुकी थी। इसी मौके का संदीप ने भरपूर लाभ उठाया।

दूसरी बार जीत... निर्मला ने कैरोलिना को सीज़न 2 में दूसरी बार हराकर अपनी प्रतिभा का लोहा मनवा लिया

देसी बाला ने वलैती बाला को दूसरी बार हराया

टीम	: एनसीआर पंजाब रॉयल्स Vs मुम्बई महारथी
मुक़ाबला	: कैरोलिना कैस्टिलो हिडाल्गो Vs निर्मला देवी
फेज़ (चरण)	: सेमीफाइनल
वजन	: 48 किलो
रेफरी	: वीरेंद्र मलिक
सीज़न	: 2
दिनांक	: 18 जनवरी, 2017

इस मुकाबले में दोनों पहलवानों के बीच सात साल का अंतर था। निर्मला देवी 33 की थीं और कैरोलिना 26 की। निर्मला 2010 के कॉमनवेल्थ गेम्स की सिल्वर मेडलिस्ट थीं और 2014 की नैशनल चैम्पियनशिप की गोल्ड मेडलिस्ट। वहीं कैरोलिना 2015 के पैन अमेरिकी खेलों की ब्रॉन्ज़ मेडलिस्ट होने के अलावा 2014 की साउथ अमेरिकन गेम्स की गोल्ड मेडलिस्ट। इन दोनों के बीच पांच जनवरी को लीग मुकाबले में निर्मला ने कैरोलिना को 3–0 से हराकर सबको चौंकाया था।

इस बार पंजाब और मुम्बई के बीच सेमीफ़ाइनल मुकाबला था। इन दोनों पहलवानों के मुकाबले से पहले दोनों टीमें 3–3 से बराबर थीं। इस मुकाबले में ब्लॉकिंग नहीं थी इसलिए बेस्ट ऑफ 9 के आधार पर यह मुकाबला आयोजित किया गया। सच तो यह है कि अगले तीन में से दो मुकाबले जीतने वाली टीम के नाम ही जीत दर्ज होनी थी।

शुरुआती समय में किसी ओर से अंक न बनने पर निर्मला को 30 सेकंड का पैसिविटी टाइम दिया गया लेकिन उनके अंक न बनाने पर कैरोलिना को एक अंक हासिल हो गया। हाफ टाइम तक यही स्कोर रहा। दूसरे राउंड में

कैरोलिना ने सिंगल लेग अटैक किया लेकिन वहीं निर्मला ने कैरोलिना के ऊपरी हिस्से को उठाकर खेमे पोज़ीशन की और पीछे आकर दो अंक हासिल कर लिये। यही दो अंक उनके लिए निर्णायक रहे। इस जीत से निर्मला ने न सिर्फ अपनी टीम को मुकाबले में 4–3 से आगे कर दिया बल्कि अपनी टीम की जीत का भी आधार तैयार किया। उन्होंने साबित कर दिया कि अनुभव हमेशा किसी भी मुकाबले की बड़ी पूंजी होता है। उसे किसी भी लिहाज से नजरअंदाज़ नहीं किया जा सकता।

इस मुकाबले को देखने के लिए बॉलीवुड, पत्रकारिता और उद्योग जगत की हस्तियां मौजूद थीं। बॉलीवुड से बॉबी देयोल मौजूद थे, जो बतौर पंजाब टीम की हौसला आफज़ाई कर रहे थे। इसके अलावा बाबा रामदेव न सिर्फ इस मुकाबले के साक्षी बने बल्कि इसी दिन उन्होंने 2008 के बीजिंग ओलिम्पिक के सिल्वर मेडलिस्ट और पूर्व यूरोपीय चैम्पियन आंद्रेई स्टैडनिक के साथ एक नुमाइशी मुकाबले में भी भाग लिया था। बाबा रामदेव ने इस आयोजन की सराहना करते हुए इसे पहलवानों के लिए बेहद उपयोगी बताया। उस समय इंडिया न्यूज़ से यशवंत राणा भी मौजूद थे।

युवा उभरते खिलाड़ी ने हराया पूर्व एशियाई चैम्पियन को

टीम	:	मुम्बई महारथी Vs यूपी दंगल
मुक़ाबला	:	प्रीतम Vs अमित धनकड़
फेज़ (चरण)	:	लीग
वजन	:	70 किलो
रेफरी	:	वेस्ना पेपेरस्की
सीज़न	:	2
दिनांक	:	7 जनवरी, 2017

सात जनवरी को खेले गए इस मुकाबले में युवा जोश और अनुभवी दिग्गज के बीच भिड़ंत थी। प्रीतम 19 के थे जबकि अमित 30 के। प्रीतम जहां जूनियर एशियाई चैम्पियनशिप में सिल्वर मेडल जीतकर यहां उतरे थे, वहीं अमित 2013 के सीनियर एशियाई कुश्ती के गोल्ड मेडलिस्ट थे। 2016 में कॉमनवेल्थ चैम्पियनशिप के अलावा साउथ एशियन गेम्स में गोल्ड जीतकर अमित एक तरह से मुख्य धारा में लौट आये थे।

कार्यक्रम के उद्घोषक जो बाट ने अपने चिर परिचित अंदाज़ में दोनों को बुलाया और तीसरे दिग्गज को बुलाने पर जिसने जो देखा, वह देखता ही रह गया। यह एंट्री एक पहलवान के अंदाज़ में हुई थी, जिसमें वह दिग्गज दो बैठकें लगाने के बाद पांच पुश–अप कर रहा था और चारों ओर से तालियां थमने का नाम नहीं ले रही थीं। वह क्रिकेटर हरभजन सिंह थे, जो मुम्बई टीम का प्रचार करने आये थे।

शुरुआती दौर में दोनों पहलवान एक दूसरे की शक्ति तोलते रहे और एक मिनट 20 सेकंड के बाद अमित ने सिंगल लेग अटैक किया, जिस पर प्रीतम

उलटफेर....युवा प्रीतम (सफेद–नीली पोशाक) ने अनुभवी अमित धनकड़ को हराकर उलटफेर किया

बाल–बाल बच गए। आखिरकार प्रीतम के पैसिविटी टाइम में कोई अंक न जुटा पाने की वजह से अमित को पहला अंक हासिल हुआ। दूसरे मिनट की समाप्ति पर मुकाबले की रेफरी वेस्ना पेपरस्की ने अमित को रफ खेल खेलने के लिए चेतावनी दी।

पहले राउंड में एक अंक की बढ़त का मनोवैज्ञानिक लाभ लेने के बाद अमित ने दूसरे राउंड के 14 सेकंड में ही अमित ने एक जवाबी हमले पर सिंगल लेग अटैक किया। इस दौरान अमित को पीछे से आकर प्रीतम के घुटने मैट पर लगाने के लिए खूब जूझना पड़ा। इसके लिए उन्होंने फीतले बांधने का भी प्रयास किया और फिर धड़ाम से उन्हें गिराकर किसी तरह दो अंकों के साथ अपनी बढ़त को वह 3–0 करने में सफल हो गए। पांचवें मिनट में अमित ने कलाजंग लगाया लेकिन प्रीतम ने उनके दाहिने पांव को अपनी गिरफ्त में करके खतरा टाल दिया।

इसके बाद खेल कुछ समय के लिए रोक देना पड़ा क्योंकि अमित के मुंह से खून बहने लगा था और उन्हें मेडिकल टाइम लेना पड़ा। इसके बाद जब खेल शुरू हुआ तो अमित को धीमा लड़ने पर पैसिविटी टाइम दिया गया लेकिन वह 30 सेकंड में अंक नहीं जुटा पाये जिससे प्रीतम को पहला अंक हासिल करने का मौका मिल गया। उस समय अमित 3–1 से आगे थे और मुकाबला समाप्त होने में केवल छह सेकंड बाकी थे। इस दौरान प्रीतम ने एक जवाबी हमले पर पीछे आकर दो अंकों के साथ स्कोर 3–3 से बराबर कर दिया। इस तरह आखिरी अंक लेने के आधार पर प्रीतम एक बड़ा उलटफेर करने मे सफल हो गये। यह युवा जोश की अनुभव पर जीत थी जिससे प्रीतम 2013 के एशियाई चैम्पियन को हराने में कामयाब हुए। इस जीत के साथ ही मैट के किनारे खड़े मुम्बई टीम के सलाहकार रामफल मान खुशी से झूम उठे।

महारथियों की जंग.... ओलिम्पिक चैम्पियन एरिका वीब (सिर पर पट्टी) के सामने ओलिम्पिक ब्रॉन्ज़ मेडलिस्ट जेनी फ्रेनसन

तीन अंक से पिछड़ने के बाद किया चित

टीम	:	जयपुर निंजास Vs मुम्बई महारथी
मुक़ाबला	:	जेनी फेनसन Vs एरिका वीब
फेज़ (चरण)	:	लीग
वजन	:	75 किलो
रेफरी	:	अशोक कुमार
सीज़न	:	2
दिनांक	:	9 जनवरी, 2017

कुछ वर्ष पहले किसी ने सपने भी नहीं सोचा होगा कि कभी भारतीय ज़मीं पर ओलिम्पिक चैम्पियन का मुक़ाबला ओलिम्पिक ब्रॉन्ज़ मेडलिस्ट से होगा। जी हां, ऐसा हुआ। सीज़न 2 में मुम्बई–जयपुर मुकाबले में ओलिम्पिक चैम्पियन एरिका वीब का सामना ओलिम्पिक ब्रॉन्ज़ मेडलिस्ट जेनी फ्रेनसन से हुआ। इनके बीच पहले भी मुकाबला हो चुका है, जिसमें एरिका विजयी रही थी। एरिका ने ओलिम्पिक चैम्पियन बनने से पहले पिछले साल गोल्डन ग्रां प्री में गोल्ड मेडल हासिल किया था। वहीं जेनी फ्रेनसन इससे पहले 2012 की वर्ल्ड चैम्पियनशिप में गोल्ड मेडल अपने नाम कर चुकी थी। यहां गौरतलब बात यह है कि जेनी को रियो में 69 किलो वर्ग में ब्रॉन्ज़ हासिल हुआ था, जबकि एरिका ने यह कामयाबी 75 किलो में हासिल की थी। यानी एरिका अपने नियमित वज़न श्रेणी में उतरी थीं जबकि जेनी ने इस चैम्पियनशिप के लिए अपना वज़न बढ़ाया था।

एरिका कनाडा से हैं जबकि जेनी स्वीडन से। यह दिन का छठा मुकाबला था और मुम्बई की टीम 3–2 से आगे थी। यानी एरिका के लिए यह मुकाबला जीतने का मतलब था मुम्बई की जीत। मुम्बई की ओर से जैब्रिएल हसानोव,

विकास और राहुल आवारे ने उसे बढ़त दिलाई थी। शुरू में कोई अंक न बनने पर एरिका को 30 सेकंड का समय दिया गया, जिसमें कोई अंक न बनने से जेनी 1–0 से आगे हो गईं। पहले राउंड की समाप्ति पर यही स्कोर रहा। दूसरे राउंड के 16 सेकंड में ही एरिका को आक्रामकता दिखाना महंगा साबित हुआ, जिससे जेनी ने स्टैंडिंग पोज़ीशन में ही पीछे आकर उन्हें न सिर्फ गिराया बल्कि दो अंक भी जुटा लिये। इस तरह जेनी इस मुकाबले में 3–0 से आगे हो गईं लेकिन यहां एरिका ने अच्छे डिफेंस से कोई और अंक नहीं गंवाया। इन दिनों आधुनिक कुश्तियों में एक नियम ऐसा भी है कि जब तक आप प्रयास किए बिना पोज़ीशन लेते हैं तो उस पर अंक नहीं मिलता। यहां एरिका ने ढाक लगाने में विफल होने पर जेनी को पीछे आने का मौका दिया था, जिस पर रेफ़री ने कोई अंक नहीं दिया। जब पांचवां मिनट समाप्ति की ओर था तो एरिका के एक लेग होल्ड पर जेनी ने अच्छे डिफेंस से उन्हें सफल नहीं होने दिया। जब मुकाबला समाप्त होने में केवल 35 सेकंड बाकी थे तो जेनी का आगे बढ़ना उनके लिए आत्मघाती साबित हुआ। मौके की नज़ाकत को देखते हुए एरिका ने अपने खेल को पॉवर गेम में बदल दिया और अपनी पूरी शक्ति उन्हें नीचे गिराने और फिर चित करने में झोंक दी और वह हारी हुई बाज़ी को जीत में तब्दील करने में कामयाब हो गईं। इसके साथ ही मुम्बई ने भी इस मुकाबले में 4–2 की निर्णायक बढ़त हासिल कर ली। यही प्रो रेसलिंग लीग की सबसे बड़ी विशेषता है जिसने दुनिया भर के शीर्ष पहलवानों को भी एक मंच दिया है। भारतीय कुश्ती प्रेमियों को ऐसी कुश्तियां उम्र भर याद रहेंगी और इन्हें देखकर उभरते हुए पहलवानों को भी काफी कुछ सीखने को मिलेगा।

आखिरी चार सेकंड में बाज़ी पलटी

टीम	:	हरियाणा हैमर्स Vs जयपुर निंजास
मुक़ाबला	:	संदीप तोमर Vs उत्कर्ष काले
फेज़ (चरण)	:	लीग
वजन	:	57 किलो
रेफरी	:	इदित (इटली)
सीज़न	:	2
दिनांक	:	17 जनवरी, 2017

पहले सेमीफाइनल के अंतर्गत जब हरियाणा हैमर्स और जयपुर निंजास के बीच यह मुक़ाबला शुरू हुआ, तब दोनों टीमें 3–3 से बराबर थीं। वैसे इससे पहले इन दोनों के बीच दो मुकाबले बेहद करीबी रहे थे। ओलिम्पिक क्वॉलिफाइंग में जाने के लिए दोनों के बीच केडी जाधव हॉल में एक करीबी मुकाबला हुआ था और दूसरा मुकाबला नंदिनी नगर में 2016 की राष्ट्रीय चैम्पियनशिप के फ़ाइनल में हुआ था। यहां भी उत्कर्ष काले जीतते–जीतते करीबी मुकाबला हार गये थे। उत्कर्ष के प्रशंसकों में इन दो मुकाबलों को लेकर बेहद निराशा थी लेकिन उन्होंने उम्मीद नहीं छोड़ी थी क्योंकि वे उत्कर्ष काले की खूबियों से वाकिफ थे और वह यह भी जानते थे कि संदीप को कैसे हराया जा सकता है। इसके लिए उत्कर्ष ने काफी तैयारी की थी और इस काम के लिए उनके गुरु और पूर्व अंतरराष्ट्रीय पहलवान काका पवार ने उनकी बहुत मदद की थी।

पीडब्ल्यूएल में संदीप का यह दूसरा सीज़न था, जबकि उत्कर्ष लीग में पहली बार उतरे थे। इस मुकाबले में भी दोनों के बीच कड़ा संघर्ष देखने को मिला। उत्कर्ष शुरू से ही बेहद आक्रामक होकर लड़े। दस सेकंड में ही उन्होंने पहले खेमे का एक्शन किया और फिर सिंगल लेग अटैक किया और यह एक्शन

अटकी रही सांसें... संदीप तोमर और उत्कर्ष (पीली पोशाक) का मुक़ाबला रोमांच की पराकाष्ठा पर पहुंच गया

तकरीबन 23 सेकंड तक चला। आखिरकार रेफ़री की सीटी बजने से ही संदीप की जान में जान आई। 53वें सेकंड में उत्कर्ष ने फिर खेमे का एक्शन किया मगर इस बार संदीप ने उन्हें अपने काबू में कर लिया और कड़ी मशक्कत के बाद वह दो अंक हासिल करने में सफल रहे। उस समय गीता फोगट और उनकी बहन संगीता जयपुर टीम के डग आउट में बैठी थीं लेकिन वह भी संदीप की इस खूबी से खुद को ताली बजाने से रोक नहीं पाईं। दो मिनट खत्म होने पर संदीप ने एक अंक बटोरा और मध्यांतर तक उनके पक्ष में 3–0 का स्कोर रहा। तब लगने लगा था कि संदीप ने पुराने दो मुकाबलों से सबक सीखा है और वह उत्कर्ष को कोई भी मौका देने के मूड में नहीं थे क्योंकि वह उनकी काबिलियत से भली भांति वाकिफ थे।

दूसरे राउंड में करीब सवा चार मिनट में संदीप उत्कर्ष के पीछे आकर बेहतर स्थिति में थे लेकिन वहीं से उत्कर्ष घूमे और उन्होंने खेमे की पोज़ीशन बना ली। इस पोज़ीशन से उन्होंने एक साथ चार अंक जुटाकर सबको चौंका दिया। इस तरह अब तक पिछड़ रहे उत्कर्ष 4–3 से आगे हो गये। जयपुर टीम के सभी खिलाड़ियों ने डग आउट में खड़े होकर उन्हें स्टैंडिंग ओविएशन दी। उस समय ऐसा लगने लगा था कि उत्कर्ष पिछले दो मुकाबलों के परिणाम को पलट देंगे। जब मुकाबला समाप्त होने में केवल छह सेकंड बचे थे, तभी संदीप पीछे आए और चार सेकंड पहले ही दो अंक बटोरकर उन्होंने हारी बाज़ी को अपने पक्ष में कर लिया। इस मुकाबले को उतार चढ़ाव के लिए हमेशा याद किया जाएगा। इस जीत के साथ ही हरियाणा हैमर्स की टीम इस मुकाबले को 4–3 से जीतने में सफल रही।

ऊहापोह की स्थिति....रूस के गाडिसोव (ऑरेंज पोशाक) और जॉर्जिया के एलिज़बार के मुकाबले के बाद यह तय करने में समय लग गया कि आखिर जीत किसकी हुई है

कॉशन महंगा साबित हुआ

टीम	:	हरियाणा हैमर्स Vs जयपुर निंजास
मुक़ाबला	:	अब्दुसलाम गाडिसोव Vs एलिज़बार ओदिकाद्जे
फेज़ (चरण)	:	लीग
वजन	:	97 किलो
रेफरी	:	अशोक कुमार
सीज़न	:	2
दिनांक	:	17 जनवरी, 2017

दो दिग्गजों की इस भिडंत में दोनों ही बेजोड़ थे। दोनों अपराजित थे। हालांकि लीग मुकाबले में जॉर्जिया के एलिज़बार इंजरी की वजह से रूस के गाडिसोव के खिलाफ नहीं उतरे थे। उनकी जगह उतरे रूबलजीत को गाडिसोव ने कलाजंग लगाकर धराशायी कर दिया था।

गाडिसोव 2014 के वर्ल्ड चैम्पियन थे और 2015 की वर्ल्ड चैम्पियनशिप के रनर्स अप। यूरोपीय चैम्पियनशिप के दो खिताब भी उनके नाम थे। वहीं एलिज़बार के नाम यूरोपीय चैम्पियनशिप के दो ब्रॉन्ज़ मेडल होने के अलावा 2015 के यूरोपीय खेलों का सिल्वर मेडल दर्ज था। इनके मुकाबले से पहले यह तय हो चुका था कि गाडिसोव की टीम हरियाणा हैमर्स प्रो रेसलिंग लीग के सीज़न 2 के फाइनल में पहुंच चुकी है और वह उस समय मुकाबले में 5–3 की निर्णायक बढ़त बना चुकी थी। अशोक कुमार इस मुकाबले के रेफरी थे। पहले दो मिनट तक स्कोर न बनने पर गाडिसोव ने पैसिविटी टाइम में डबल लेग अटैक पर दो अंक बटोरकर अपना खाता खोला और फिर भारंदाज लगाकर स्कोर को 4–0 कर दिया। वहीं दूसरी ओर चार अंकों से पिछड़ने के बाद एलिज़बार लगातार आक्रमण करते रहे लेकिन उन्हें पहले राउंड में कोई कामयाबी नहीं मिल पाई जिस वह उस समय निराश दिखाई दिये।

दूसरे राउंड में एलिज़बार और भी आक्रामक दिखाई दिये और उन्होंने केवल आठ सेकंड में ही सिंगल लेग अटैक किया लेकिन गाडिसोव मुस्तैद थे। ठंडे दिमाग से खेलते हुए उन्होंने उस दौरान एलिज़बार के दायें पांव को अपनी गिरफ्त में कर लिया। आखिरकार रेफ़री ने तीन मिनट 46 सेकंड पर विसल बजाकर दोनों को अलग किया। पांच मिनट पूरे होते ही एलिज़बार सिंगल लेग अटैक करने गये। बगल से निकलकर पीछे आकर उन्होंने अंतर को 2–4 कर दिया और इसी पकड़ से भारंदाज करके स्कोर बराबर कर दिया। उस समय 46 सेकंड बाकी थे। उस वक्त गाडिसोव की नाक से खून बहने की वजह से खेल कुछ समय के लिए रोक दिया गया। जब मुकाबले की समाप्ति में केवल 13 सेकंड बाकी थे तो एलिज़बार को रेफ़री अशोक ने चेतावनी थी और छह मिनट पूरे होते ही एलिज़बार ने अपना विजयी ऐलान करते हुए अपना मुक्का हवा में लहरा दिया लेकिन रेफरी ने एलिज़बार के खिलाफ कॉशन अंक दिया था। इस आधार पर गाडिसोव को इस मुक़ाबले का विजेता घोषित किया गया। उस वक्त स्टेडियम में मौजूद दर्शक कॉशन अंक के बारे में समझ नहीं पाये और उन्होंने गाडिसोव की जीत पर हैरानगी ज़ाहिर की। हालांकि सच यही है कि गाडिसोव के खिलाफ आखिरी क्षणों में कोताही बरतने के लिए एलिज़बार के खिलाफ कॉशन दिया गया था जो उन्हें महंगा साबित हुआ।

एक दूसरे के बाल खींचने की शिकायत

टीम	:	मुम्बई महारथी Vs यूपी दंगल
मुक़ाबला	:	कैरोलिना कैस्टिलो हिडाल्गो Vs एलित्सा यानकोवा
फेज़ (चरण)	:	लीग
वजन	:	48 किलो
रेफरी	:	वीरेंद्र मलिक
सीज़न	:	2
दिनांक	:	7 जनवरी, 2017

यह मुकाबला सात जनवरी को खेला गया। उस समय मुम्बई की टीम अपने पहले दो मुकाबले जीतकर यूपी दंगल पर दबाव बनाने में सफल हो गई थी। मुम्बई टीम के उभरते खिलाड़ी प्रीतम ने पूर्व एशियाई चैम्पियन अमित धनकड़ को हराकर एक बड़ा उलटफेर किया था जबकि दूसरे मुकाबले में ओलिम्पिक चैम्पियन एरिका वीब ने ओलिम्पिक की सिल्वर मेडलिस्ट मारिया मामाशुक पर एकतरफा जीत हासिल की थी। यह तीसरा मुकाबला था। मुकाबले में बने रहने के लिए एलित्सा से काफी उम्मीद थी क्योंकि उनका रिकॉर्ड कैरोलिना के मुकाबले काफी अच्छा था। 26 वर्षीया कोलम्बिया की कैरोलिना 2015 के पैन अमेरिकी खेलों की ब्रॉन्ज़ मेडलिस्ट और 2014 के साउथ अमेरिकी खेलों की गोल्ड मेडलिस्ट थीं। वहीं एलित्सा पर सबकी निगाहें थीं क्योंकि वह रियो ओलिम्पिक खेलों में ब्रॉन्ज मेडल जीतकर सुर्खियों में आई थीं। बुल्गारिया की इस 22 वर्षीया खिलाडी के नाम इसके अलावा 2016 की यूरोपीय चैम्पियनशिप का ब्रॉन्ज़ मेडल था। इनके मुकाबले के दौरान हिंदी कमेंट्री बॉक्स में मनोज जोशी और जगदीश कालीरमण के साथ क्रिकेटर हरभजन सिंह थे और मैट के बाहर ओलिम्पिक चैम्पियन एरिका बीव और अनिल मान कैरोलिना की हौसला आफ़जाई कर रहे थे।

रफ़ खेल की मिसाल.... कोलम्बिया की कैरोलिना कैस्टिला हिडाल्गो और बुल्गारिया की एलित्सा यानकोवा के मुकाबले में दोनों ने रफ़ खेल दिखाया

शुरू में अंक न बनने पर यानकोवा को 30 सेकंड के पैसिविटी टाइम में अंक लेने की चुनौती थी लेकिन वह उस कसौटी पर खरी नहीं उतर पाईं और मुकाबले का पहला अंक कैरोलिना को हासिल हुआ। मध्यांतर तक यही स्कोर रहा। दूसरे राउंड में कैरोलिना चौथे मिनट की समाप्ति पर मिले 30 सेकंड के पैसिविटी टाइम में अंक नहीं बटोर पाईं जिससे स्कोर 1–1 से बराबर हो गया। जब मुकाबला समाप्त होने में केवल 25 सेकंड बाकी थे, तभी कैरोलिना ने सहजता के साथ पीछे आकर दो अंक बटोर लिए। इस तरह वह 3–1 से आगे हो गईं और अंत तक यही स्कोर रहा। इस तरह कैरोलिना इस मुकाबले में उलटफेर करने में सफल हो गई। एलित्सा ने इस हार से अपनी टीम यूपी दंगल की चिंताएं भी बढ़ा दी थीं। यह मुकाबला साफ सुथरे ढंग से नहीं लड़ा गया। दोनों ने रेफरी से एक दूसरे पर बाल खींचने की शिकायत की। मुकाबले के रेफ़री वीरेंद्र मलिक ने जब विजयी घोषणा करने के लिए दोनों को बुलाया तो एलित्सा ने आने से मना कर दिया। कमेंट्री बॉक्स में बैठे हरभजन सिंह खुश थे कि जिन्हें चीयर करने के लिए वह आए हैं, उसमें वह सफल रहे। साथ ही उन्होंने एलित्सा के इस तरह जाने पर आश्चर्य व्यक्त किया। जब उन्हें पता चला कि अंतरराष्ट्रीय कुश्तियों में कई ऐसे मामले भी सामने आए हैं जब रेफ़री के विजयी पहलवान के ऐलान के समय एक पहलवान के न उतरने पर उसे प्रतिबंधित कर दिया गया। हरभजन ने ऐसे फैसलों का स्वागत किया।

PWL
सीज़न 3

खेल फ़ौलादी

सीजन–3

प्रो रेसलिंग लीग के सीजन 3 को पूजा ढांडा के शानदार प्रदर्शन के लिए हमेशा याद रखा जाएगा। एक ऐसी महिला पहलवान जो कभी इंजरी की वजह से कुश्तियों से दूर रही थीं और जिनका कैरियर ही डांवाडोल होता दिखने लगा था लेकिन उन्होंने तीसरे सीजन में वह कर दिखाया जो दुनिया का कोई भी पहलवान नहीं कर पाया। उन्होंने ओलिम्पिक और वर्ल्ड चैम्पियन पूजा ढांडा को दो बार हराया और वर्ल्ड चैम्पियनशिप की सिल्वर मेडलिस्ट मारवा आमरी और ओडुनायो को हराकर सबको चौंका दिया।

इतना ही नहीं, संगीता फोगट ने इस सीजन में वर्ल्ड चैम्पियन वानेसा कालादजिंस्काया को हराकर बड़ा उलटफेर किया और ओलिम्पिक व वर्ल्ड चैम्पियन हेलन मारुलिस को उन्होंने कड़ी टक्कर दी। नितिन राठी और संदीप तोमर ने दुनिया के नम्बर तीन खिलाड़ी आंद्रेई यात्सेंको को हराया। हरफूल ने 65 किलो वर्ग में पूर्व एशियाई चैम्पियन अमित धनकड़ को हराकर उलटफेर किया और जूनियर स्तर के पहलवान दीपक पूनिया ने अनुभवी सत्यव्रत कादियान को हराकर कमाल का प्रदर्शन किया। पहले दो सीजन की स्टार ओडुनायो ने इस बार अपने प्रशंसकों को निराश किया। इस सीजन की यादगार कुश्तियां इस प्रकार हैं –

1. पूजा ढांडा (पंजाब) Vs हेलन मारुलिस (हरियाणा) 16 जनवरी, चौथा मुक़ाबला
2. पूजा ढांडा (पंजाब) Vs हेलन मारुलिस (हरियाणा) 26 जनवरी, फाइनल, छठा मुक़ाबला

3. पूजा ढांडा (पंजाब) Vs ओडुनायो (मुम्बई) 22 जनवरी, चौथा मुक़ाबला
4. पूजा ढांडा (पंजाब) Vs मारवा आमरी (वीर मराठा) 24 जनवरी, सेमीफाइनल छठा मुक़ाबला
5. संगीता फोगट (दिल्ली) Vs हेलन मारुलिस (हरियाणा) 12 जनवरी, चौथा मुक़ाबला
6. संगीता फोगट (दिल्ली) Vs वानेसा कालादजिंस्काया (यूपी) 15 जनवरी, चौथा मुक़ाबला
7. नितिन राठी (यूपी) Vs आंद्रेई यात्सेंको (मुम्बई) 13 जनवरी, पहला मुक़ाबला
8. संदीप तोमर (दिल्ली) Vs आंद्रेई यात्सेंको (मुम्बई) 9 जनवरी, पहला मुक़ाबला
9. असलान एलबरोव (दिल्ली) Vs जॉर्जी केतोएव (वीर मराठा) 21 जनवरी, तीसरा मुक़ाबला
10. सोसलान रामोनोव (मुम्बई) Vs इलियास (पंजाब) 22 जनवरी, सातवां मुक़ाबला
11. सुन यनान (हरियाणा) Vs विनेश (यूपी) 25 जनवरी सेमीफाइनल, नौवां मुक़ाबला
12. कौम्बा लॉरेक (पंजाब) Vs वैसिलिसा मारजाल्यूक (वीर मराठा) 14 जनवरी, चौथा मुक़ाबला
13. हरफूल (हरियाणा) Vs अमित धनकड़ (वीर मराठा) – 10 जनवरी, दिन का चौथा मुक़ाबला
14. दीपक पूनिया (पंजाब) Vs सत्यव्रत कादियान (मुम्बई) 22 जनवरी, पहला मुक़ाबला
15. खेतिक सबालोव (हरियाणा) Vs बेकजोद (यूपी) 23 जनवरी, तीसरा मुक़ाबला
16. जितेंद्र (पंजाब) Vs प्रवीण राणा (वीर मराठा) 14 जनवरी, सातवां मुक़ाबला
17. सोसलान रामोनोव (मुम्बई) Vs अलीयेव हाजी (दिल्ली) 9 जनवरी, दिन का आखिरी मुक़ाबला
18. संदीप तोमर (दिल्ली) Vs नितिन राठी (यूपी) 15 जनवरी, पहला मुक़ाबला
19. उत्कर्ष काले (पंजाब) Vs सरवन (वीर मराठा) 14 जनवरी, पांचवां मुक़ाबला

पूजा ने हेलन के खिलाफ उठाया हर मौके का फायदा

टीम	:	हरियाणा हैमर्स Vs पंजाब रॉयल्स
मुक़ाबला	:	हेलन मारुलिस Vs पूजा ढांडा
फेज़ (चरण)	:	लीग
वजन	:	57 किलो
रेफरी	:	शिनयई जेयूंग (कोरिया)
सीज़न	:	3
दिनांक	:	16 जनवरी, 2018

प्रो रेसलिंग लीग सीज़न 4 के आठवें दिन सबकी निगाहें हरियाणा हैमर्स की अमेरिकी खिलाड़ी हेलन मारुलिस पर थीं। व्लादीमिर खिनचेंगाशिवली के बाद वह इस लीग में भाग लेनी वाली दूसरी ऐसी खिलाड़ी थीं जो मौजूदा ओलिम्पिक और वर्ल्ड चैम्पियन थीं। इसके अलावा हेलन की चर्चा इसलिए भी थी क्योंकि उन्होंने इस लीग के पिछले मुक़ाबलों में ओलिम्पिक मेडलिस्ट मारवा आमरी को 9–1 से हराया और संगीता फोगट से वह बेहद कड़े मुक़ाबले में जीत पाईं थीं। वहीं पूजा को सीज़न 3 में पहली जीत की दरकार थी।

इस मुक़ाबले में एक मिनट 48 सेकंड तक पूजा ने हेलन को बराबरी पर रोके रखा और रेफरी शिनयई ने पूजा को 30 सेकंड का पैसिविटी टाइम दिया। यहां पूजा सिंगल लेग अटैक करके तेज़ी से घूमीं और दो अंक जुटाने के साथ ही उन्होंने दर्शकों को चौंका दिया। पहले राउंड के आखिरी क्षणों में हेलन पैरों की तकनीक लगाने के प्रयास में अपना संतुलन खो बैठीं जिसका पूजा ने भरपूर फायदा उठाते हुए पीछे आकर बैक साल्तो की पोज़ीशन बनाई और हेलन को गिराते ही

हर तरफ पूजा ही पूजा.... ओलिम्पिक और वर्ल्ड चैम्पियन हेलन मारूलिस के खिलाफ पूजा ढांडा के बुलंद इरादे

उन्हें दो अंक और हासिल हो जाते मगर तब तक पहला राउंड समाप्त हो चुका था और स्कोर पूजा के पक्ष में 2–0 था।

दूसरे राउंड में हेलन ने जैसे ही आक्रमण करने के लिए अपना सिर आगे बढ़ाया, वैसे ही पूजा ने उन्हें धकेलकर डेंजर पोज़ीशन में गिरा दिया, जिस पर उन्हें चार अंक हासिल हुए और उनकी कुल बढ़त 6–0 हो गई। पूजा का यह दांव इतना खतरनाक था कि हेलन उस पर किसी तरह ब्रिज की पोज़ीशन पर आकर चित होने से बच गईं। यहां हरियाणा हैमर्स की ओर से इसका विरोध दर्ज किया गया लेकिन इसके खारिज होते ही पूजा को एक अंक और हासिल हो गया। इस तरह पूजा 7–0 से आगे हो गईं। अपनी इस तरह फ़ज़ीयत होते देख हेलन चौंक गई। उसके बाद उनके अंक जुटाने का सिलसिला शुरू हुआ। मुक़ाबले के चार मिनट 36 सेकंड होते ही हेलन ने पूजा को प्लेइंग ज़ोन से बाहर धकेलकर पहला अंक जुटाया। लगातार दो ऐसे प्रयास करने के साथ ही उन्हें एक–एक अंक और हासिल हुए और उन्होंने अंतर को 3–7 कर दिया। जब मुक़ाबला समाप्त होने में केवल 13 सेकंड बाकी थे तो हेलन ने डबल लेग अटैक से दो अंक जुटाकर स्कोर को 5–7 कर दिया। आखिरी सीटी बजने तक वह एक अंक और जुटाकर स्कोर को 6–7 पर ले आईं। इस तरह पूजा ओलिम्पिक और वर्ल्ड चैम्पियन को हराकर एक बड़ा उलटफेर करने में सफल रहीं। शुरुआती दौर में जुटाये छह अंक उनके लिए वरदान साबित हुए। मुक़ाबले के बाद उन्होंने कहा कि उन्होंने मुक़ाबले से पहले हार–जीत के बारे में नहीं सोचा था। वह अपना सर्वश्रेष्ठ प्रदर्शन करना चाहती थीं। दर्शकों का आभार व्यक्त करते हुए उन्होंने कहा कि दर्शकों की हौसला आफ़ज़ाई भी उनके बहुत काम आई। वह खुश हैं कि उन्हें जो भी मौका मिला, उसका उन्होंने पूरा फायदा उठाया।

पूजा ने हेलन पर एक और जीत दर्ज करके साबित कर दिया कि लीग में उनकी हेलन पर जीत कोई तुक्का नहीं थी

पूजा ने जगाई ओलिम्पिक पदक की आस

टीम	: हरियाणा हैमर्स Vs पंजाब रॉयल्स
मुक़ाबला	: हेलन मारुलिस Vs पूजा ढांडा
फेज़ (चरण)	: फाइनल
वजन	: 57 किलो
रेफरी	: सत्यदेव मलिक
सीज़न	: 3
दिनांक	: 26 जनवरी, 2018

पिछली बार जब हेलन और पूजा का मुक़ाबला लीग के आठवें दिन हुआ, तब मुक़ाबले से पहले हेलन फेवरेट थीं क्योंकि ओलिम्पिक और वर्ल्ड चैम्पियन होने के अलावा वह तब तक दो मुक़ाबले जीत चुकी थीं। मगर इस बार पूजा ढांडा पर सबकी निगाहें टिकी थीं। वहीं पूजा पर भी खासा दबाव था क्योंकि एक तो उन्हें हेलन पर जीत हासिल करके यह साबित करना था कि लीग में उनकी हेलन पर जीत कोई तुक्का नहीं थीं। दूसरे, वह इस मुक़ाबले से पहले हेलन के अलावा ओलिम्पिक पदक विजेता मारवा आमरी और वर्ल्ड चैम्पियनशिप की रजत पदक विजेता ओडुनायो को हराकर बड़े उलटफेर कर चुकी थीं।

इस दिन पंजाब रॉयल्स और हरियाणा हैमर्स के बीच फाइनल मुक़ाबला था जिसमें पूजा और हेलन के बीच मुक़ाबले का लुत्फ उठाने के लिए दर्शकों को पांच मुक़ाबलों का इंतज़ार करना पड़ा। उस समय पंजाब की टीम 3–2 से आगे थी। गौरतलब बात यह भी थी कि उस दिन के पहले पांच मुक़ाबलों में विदेशी पहलवानों ने भारतीयों को हराया था। तब पंजाब के लिए अनास्तसिजा, कौम्बा और गेनो ने जबकि हरियाणा के लिए व्लादीमिर और खेतिक ने अपने मुक़ाबले जीते थे।

लीग मुक़ाबले की ही तरह इस बार भी हेलन और पूजा शुरुआती समय में कोई अंक नहीं जुटा पाईं जिससे इस बार भी पूजा के ही 30 सेकंड का पैसिविटी टाइम दिया गया। फर्क सिर्फ इतना था कि पूजा ने लीग मुक़ाबले में इस पैसिविटी टाइम का फायदा उठाया था, मगर इस बार वह इसका फायदा नहीं उठा पाईं जिससे हेलन 1–0 से आगे हो गईं। हालांकि इस दौरान हेलन ने एक सिंगल लेग अटैक किया था, जिस पर पूजा ने बचाव करके खतरा टाल दिया था। पहले राउंड की समाप्ति तक दोनों खिलाड़ी स्टैंडिंग पोज़ीशन में रहीं और स्कोर हेलन के पक्ष में 1–0 रहा। दूसरे राउंड के 39 सेकंड बाद हेलन को निष्क्रियता दिखाने के लिए पैसिविटी टाइम दिया गया। दर्शक इस बात से खुश हो गये कि अगर हेलन इसका फायदा नहीं उठा पाईं तो पूजा को बराबरी पर आने का अवसर मिलेगा लेकिन पूजा हेलन पर सवा सेर साबित हुईं और उन्होंने हेलन के डबल लेग अटैक के प्रयास के दौरान खेमे करके दो अंक जुटाकर 2–1 की बढ़त बना ली। उस समय हेलन पर थकान का असर दिखाई देने लगा। आखिरी सीटी बजने से छह सेकंड पहले हेलन ने पूजा पर सिंगल लेग अटैक किया और वह पूजा को गिराकर पीछे भी आईं लेकिन तब तक बहुत देर हो चुकी थी और मुक़ाबले का निर्धारित छह मिनट का समय समाप्त हो चुका था। इस फैसले के खिलाफ हरियाणा हैमर्स के कोच कुलदीप मलिक और सुजीत मान ने अपनी आपत्ति दर्ज कराई जिसे खारिज कर दिया गया जिससे पूजा 3–1 से विजयी रही। इस जीत के साथ पूरा स्टेडियम खुशी से झूम उठा। हर किसी ने इस होनहार खिलाड़ी की लगातार दूसरी बार ओलिम्पिक और वर्ल्ड चैम्पियन पर जीत की सराहना की। सच तो यह है कि उस समय हर किसी को पूजा के इस प्रदर्शन के ज़रिये ओलिम्पिक पदक की आहट सुनाई देने लगी थी।

पूजा ने ओडुनायो को स्टेडियम की छत दिखाई

टीम	:	मुम्बई महारथी Vs पंजाब रॉयल्स
मुक़ाबला	:	ओडुनायो Vs पूजा ढांडा
फेज़ (चरण)	:	लीग
वजन	:	57 किलो
रेफरी	:	सत्यदेव मलिक
सीज़न	:	3
दिनांक	:	22 जनवरी, 2018

मुम्बई और पंजाब के बीच खेले गये इस मुक़ाबले में हर किसी की निगाहें ओडुनायो और पूजा ढांडा के मुक़ाबले पर टिकी थीं। इसकी बड़ी वजह पूजा का पिछले मुक़ाबले में हरियाणा हैमर्स की ओलिम्पिक और वर्ल्ड चैम्पियन हेलन मारुलिस पर उलटफेर करना था जबकि ओडुनायो एक मुक़ाबले में यूपी दंगल की वानेसा कालादज़िंस्काया के हाथों हार चुकी थीं और वैसे भी जब ओडुनायो का कोई मुक़ाबला पीडब्ल्यूएल में होता है तो हर कोई उनके लड़ने के अंदाज़ और उनकी डान्सिंग अदाओं का बेसब्री से इंतज़ार करता है।

हेलन पर जीत के बाद हर कोई पूजा को काफी गम्भीरता से लेने लगा था। हर कोई उनकी खूबियों से वाकिफ था। ऐसा ही कुछ दबाव उनके खिलाफ मुक़ाबले में ओडुनायो पर भी दिखाई दिया। मुक़ाबले की शुरुआत में दोनों ने अपना पूरा ध्यान एक दूसरे की शक्ति को तोलने में लगा दिया। इसीलिए, इनकी कुश्ती एक मिनट 46 सेकंड तक स्टैंडिंग पोजीशन पर रही। मगर तभी रेफरी ने पूजा को 30 सेकंड का पैसिविटी टाइम दिया। पूजा ओडुनायो की पसंदीदा लेग अटैक की तकनीक से वाकिफ थी जिसे ध्यान में रखते हुए उन्होंने उन्हें पूरी तरह रोके रखा। यहां तक कि 30 सेकंड के इस समय में उन्होंने ओडुनायो के लेग अटैक के मंसूबे

चारों खाने चित.. डान्सिंग गर्ल ओडुनायो पूजा के सामने असहाय हो गई

को सफल नहीं होने दिया लेकिन वहीं वह इस दौरान अंक नहीं बटोर पाईं जिससे मुक़ाबले का पहला अंक ओडुनायो के खाते में गया। हाफ टाइम तक यही स्कोर रहा।

दूसरे राउंड में ऊपर की अच्छी पकड़ का परिचय देते हुए पूजा ने ओडुनायो के लेग अटैक को कारगर नहीं होने दिया। आखिरकार तीन मिनट 36 सेकंड पूरा होते ही रेफरी ने ओडुनायो को अपेक्षाकृत धीमा लड़ने के लिए 30 सेकंड का पैसिविटी टाइम दिया। ओडुनायो ने बिना इससे विचलित हुए पॉवर गेम का परिचय दिया और पूजा को रेड ज़ोन से बाहर निकालकर अपने लिए दूसरा अंक हासिल किया। तब ऐसा लगने लगा था कि कहीं 2–0 की बढ़त ओडुनायो के लिए निर्णायक साबित न हो जाये।

आखिरकार वह घड़ी आ गई जिसका हर कोई बेसब्री से इंतज़ार कर रहा था। चार मिनट 14 सेकंड होते ही ओडुनायो ने डबल लेग अटैक किया जिस पर पूजा ने अपने बायें हाथ का बढ़िया इस्तेमाल करते हुए न सिर्फ खतरे को पूरी तरह से टाला बल्कि जवाबी हमला भी बोल दिया। उन्होंने ओडुनायों को गर्दन से पकड़कर पूरी तरह असहाय करके स्टेडियम की छत दिखाने के लिए मजबूर कर दिया। यह ओडुनायो की सीज़न–3 में दूसरी और प्रो रेसलिंग लीग में कुल तीसरी हार थी। पिछले सीज़न में उन्हें सोफिया मैटसन ने हराया था।

मुक़ाबले के बाद पूजा ने कहा कि जब अपना प्रदर्शन अच्छा होता है तो उससे आत्मविश्वास भी बढ़ता है। उस समय हर कोई आपकी तारीफ करता है और यह सब सुनकर अच्छा भी लगता है। हमारे कोच सर ने मुझे कहा था कि हार जीत के बारे में मत सोचना। मैंने भी ऐसा ही किया। मैंने अपना पूरा ध्यान अपने प्रदर्शन पर केंद्रित किया। उन्होंने इस बात पर ज़ोर देते हुए कहा कि कई बार अच्छी तकनीक लगाने पर विपक्षी के पास चित होने के अलावा कोई चारा नहीं रह जाता, ऐसा इस मुक़ाबले में भी हुआ।

कमाल ही कमाल... जिन मारवा आमरी से पूजा हमेशा हारती थीं, इस बार उन्हें ही उन्होंने स्टेडियम की छत दिखा दी

पिछली कई पराजयों का हिसाब चुकता किया पूजा ने

टीम	: वीर मराठा Vs पंजाब रॉयल्स
मुक़ाबला	: मारवा आमरी Vs पूजा ढांडा
फेज़ (चरण)	: सेमीफाइनल
वजन	: 57 किलो
रेफरी	: वीरेंद्र मलिक
सीज़न	: 3
दिनांक	: 24 जनवरी, 2018

बेशक पूजा ढांडा ओलिम्पिक और वर्ल्ड चैम्पियन हेलन मारुलिस के बाद वर्ल्ड चैम्पियनशिप की सिल्वर मेडलिस्ट ओडुनायो को हरा चुकी थीं लेकिन वर्ल्ड चैम्पियनशिप की एक अन्य सिल्वर मेडलिस्ट ट्यूनीशिया की मारवा आमरी के खिलाफ उनका पिछला रिकॉर्ड अच्छा नहीं था। उन्हें वह न तो सीज़न 2 में हरा पाई थीं और न ही सीज़न 3 के लीग मुक़ाबले में लेकिन उनका गज़ब का आत्मविश्वास इस बार एक नई कहानी कह रहा था। लीग में मारवा ने पूजा को 9–3 से हराया था। इस मुक़ाबले के शुरू होने के समय पंजाब की टीम वीर मराठा के खिलाफ 4–1 से आगे थी और पूजा की इस जीत का मतलब होता मुक़ाबला पंजाब के पक्ष में जाना क्योंकि सेमीफाइनल बेस्ट ऑफ नाइन का था। इलियास, कौम्बा, गेनो और अनास्तसिजा अपने मुक़ाबले पंजाब के लिए जीत चुके थे जबकि वीर मराठा के लिए एकमात्र मुक़ाबला जॉर्जी केतोएव ने दीपक पूनिया को हराकर जीता था।

इस मुक़ाबले में मारवा आमरी की शुरुआत धमाकेदार रही। केवल 20 सेकंड में ही उन्होंने सिंगल लेग अटैक पर पूजा को डेंजर पोज़ीशन में गिराकर चार अंक हासिल किये। उस समय स्टेडियम में निस्तब्धता छा गई थी। ऐसा लगने

लगा था कि इस बार भी मारवा वही परिणाम देंगी जो पिछले कई मुक़ाबलों में वह पूजा के खिलाफ देती आई थीं। हालांकि डेंजर पोज़ीशन में गिरने के बाद सम्भलते ही पूजा ने भारंदाज की ग्रिप बना ली थी लेकिन मुक़ाबले को रेड ज़ोन से बाहर जाता देख रेफरी ने विसल बजा दी। मगर दूसरे मौके को पूजा ने हाथ से नहीं जाने दिया। इस बार मारवा ने उन्हें कमर से पकड़कर गिराना चाहा लेकिन पकड़ छूटते ही पूजा ने कमर में हाथ डालकर भारंदाज लगा दिया। यानी जिस तकनीक को लगाने का उन्हें पिछली बार मौका नहीं मिला था, इस बार उन्होंने उसे बखूबी लगाया। यह तकनीक उन्होंने रेड ज़ोन के कोने से लगाई थी जिस पर वह अंतर कम करने में सफल रहीं और स्कोर 2–4 हो गया।

तकरीबन डेढ़ मिनट के बाद मारवा ने सिंगल लेग अटैक का प्रयास किया लेकिन पूजा अच्छे डिफेंस का परिचय देते हुए उनसे काफी दूर रहीं और तभी उन्होंने उसी तरह का जवाबी हमला बोला जो उन्होंने हेलन मारुलिस और ओडुनायो के खिलाफ बोला था। इस मौके पर उन्होंने पलक झपकते ही मारवा के खिलाफ लेग अटैक किया और उन्हें गिराते ही उनकी गर्दन पकड़ ली। वह ग्राउंड पोज़ीशन पर वह एक बार फिर चितपट के आधार पर कुश्ती जीतने के करीब पहुंच गई थी। यह स्थिति एक मिनट 33 सेकंड पर बनी थीं और इस डेंजर पोज़ीशन पर फैसला होने के लिए 31 सेकंड का इंतज़ार करना पड़ा। आखिरकार दो मिनट चार सेकंड पर पूजा ने मारवा को स्टेडियम की छत दिखाने के लिए मजबूर कर दिया।

पूजा ने इस जीत के साथ साबित कर दिया कि अगर अच्छी तैयारी हो, जवाबी हमला बोलने का जज़्बा हो और अपना आत्मविश्वास आसमान पर हो तो रास्ते की किसी भी बाधा को दूर किया जा सकता है।

संगीता की धमाकेदार शुरुआत ने हेलन को चौंका दिया

टीम	: हरियाणा हैमर्स Vs दिल्ली सुल्तांस
मुक़ाबला	: हेलन मारुलिस Vs संगीता फोगट
फेज़ (चरण)	: लीग
वजन	: 57 किलो
रेफरी	: पावलिना
सीज़न	: 3
दिनांक	: 12 जनवरी, 2018

हेलन मारुलिस के खिलाफ संगीता फोगट को कोई गम्भीरता से नहीं ले रहा था। संगीता के लिए इतना ही सकारात्मक था कि वह फोगट सिस्टर्स में सबसे छोटी थीं और जूनियर स्तर पर अपनी प्रतिभा का लोहा मनवा चुकी थीं जबकि हेलन की उपलब्धियों से हर कोई वाकिफ था। वह ओलिम्पिक और वर्ल्ड चैम्पियनशिप की मौजूदा चैम्पियन थीं।

जिस समय यह मुक़ाबला शुरू हुआ, उस समय दिल्ली सुल्तांस की टीम हरियाणा हैमर्स के खिलाफ 2–1 से आगे थी। दिल्ली के लिए अलीयेव हाजी और अलबरोव असलान मुक़ाबला जीत चुके थे जबकि हरियाणा के लिए सरिता मान ने अपना मुक़ाबला जीता था। हेलन और संगीता के बीच मुक़ाबले में पहले आधा मिनट तक दोनों स्टैंडिंग पोज़ीशन में डटे रहे लेकिन इसके बाद हेलन ने अपना धैर्य खोया और उन्होंने बाहरली टांग से आक्रमण करने की कोशिश की लेकिन वह इसे सही तरीके से लगाने से चूक गईं और अपना संतुलन खो बैठीं। वहीं संगीता मुस्तैद थीं। उन्होंने मौके की नज़ाकत को समझते हुए जवाबी हमला बोल दिया। उन्होंने हेलन को गिराकर सही पोज़ीशन लेते हुए दो अंक जुटा लिये। उस समय सीरीफोर्ट स्पोर्ट्स कॉम्प्लेक्स

हेलन ने मुक़ाबला जीता और संगीता ने दिल

में बैठा हर कुश्ती प्रेमी खुशी से झूम उठा। संगीता ने इसी पोज़ीशन पर पहले फीतले बांधने चाहे और फिर भारंदाज की पकड़ की कोशिश की लेकिन वह अपने इस प्रयास में सफल नहीं हो पाईं।

इसके बाद हेलन ने संगीता को अपनी ओर खींचने की कोशिश की। वहीं संगीता ने जवाबी हमाला बोलते हुए हेलन के खिलाफ लेग अटैक से धावा बोल दिया और पीछे आकर दो अंक और जुटा लिये। इस तरह उनकी ओलिम्पिक और वर्ल्ड चैम्पियन के खिलाफ बढ़त 4–0 हो गई। मुक़ाबले के दो मिनट समाप्त होते ही हेलन ने स्टैंडिंग पोज़ीशन में साइड से निकलकर अंतर कम करके स्कोर को 2–4 पर पहुंचा दिया और फिर भारंदाज लगाते समय हेलन संगीता के शिकंजे में फंस गईं। संगीता ने उन्हें वहीं दबाने की भरसक कोशिश की लेकिन कहते हैं न कि चैम्पियन चैम्पियन ही होता है। हेलन को मुसीबत से निकलना आता है। वह बात अलग है कि वह पूजा ढांडा के खिलाफ मुसीबत से नहीं निकल पाई थीं लेकिन यहां उनकी सूझबूझ और तत्परता दोनों कारगर रहीं। उन्होंने न सिर्फ खुद को खतरे से उबारा बल्कि उन्होंने पलक झपकते ही संगीता के एक लेग को पकड़कर उन्हें चित कर दिया। उस वक्त तक दो मिनट 18 सेकंड ही हुए थे। इस तरह 0–4 से पिछड़ने और फिर 6–6 की बराबरी के बाद संगीता को चित करके हेलन ने वह कर दिखाया जो उनसे उम्मीद थी लेकिन वहीं संगीता के अंदर छिपी प्रतिभा सबके सामने आई। उनकी दिलेरी की हर किसी ने सराहना की। सीरीफोर्ट स्टेडियम में दर्शकों ने खड़े होकर इस भविष्य की नायिका का अभिनंदन किया। वहीं संगीता भी इस हार से निराश नहीं थीं। उन्होंने भविष्य में और अच्छा प्रदर्शन करने की ठान ली। निश्चय ही हेलन के खिलाफ उनकी दिलेरी भविष्य में उनके लिए एक टॉनिक का काम करेगी।

छोटी बहन बड़ा काम... संगीता फोगट ने वर्ल्ड चैम्पियन वानेसा को हराकर बडा़ उलटफेर किया

जब संगीता ने हराया वर्ल्ड चैम्पियन को

टीम	:	यूपी दंगल Vs दिल्ली सुल्तांस
मुक़ाबला	:	वानेसा कालादज़िंस्काया Vs संगीता फोगट
फेज़ (चरण)	:	लीग
वजन	:	57 किलो
रेफरी	:	शिनयई जेयूंग (कोरिया)
सीज़न	:	3
दिनांक	:	15 जनवरी, 2018

सीज़न 3 में दिल्ली की शुरुआत जहां खराब हुई, वहीं यूपी दंगल ने अपने पहले मुक़ाबले में पिछले चैम्पियन पंजाब रॉयल्स को हराकर बड़ा उलटफेर किया और दूसरे मुक़ाबले में उसने पहले सीज़न के चैम्पियन मुम्बई को हराकर सबका दिल जीत लिया। वहीं दिल्ली को अपने पहले दोनों मुक़ाबलों में हार का सामना करना पड़ा। दोनों टीमों के तीसरे मुक़ाबले में सबकी निगाहें वर्ल्ड चैम्पियन वानेसा कालादज़िंस्काया पर टिकी थीं। इसकी एक वजह यह थी वह 53 किलो वर्ग की वर्ल्ड चैम्पियन थीं और 57 किलो में भाग ले रही थीं और दूसरे, वह इसी सीज़न में पीडब्ल्यूएल की स्टार ओडुनायो को हरा चुकी थीं। इस बार उनका वास्ता फोगट सिस्टर्स में सबसे छोटी संगीता से पड़ा। संगीता के नाम कॉमनवेल्थ चैम्पियनशिप और नैशनल चैम्पियनशिप का सिल्वर मेडल था।

यह दिन का चौथा मुक़ाबला था। पहले तीन मुक़ाबलों में दिल्ली की टीम 2–1 की बढ़त बना चुकी थी। इस मुक़ाबले का पहला राटीक आक्रमण संगीता की ओर से पहले मिनट के आखिरी क्षणों में देखने को मिला। उन्होंने सिंगल लेग अटैक किया और वह उन्हें रेड ज़ोन पर लेकर आईं लेकिन वहीं वानेसा ने अपने

दाहिने हाथ से पूरी ताक़त को झोंकते हुए संगीता को डेंजर पोज़िशन में गिराकर चार अंक हासिल किये। वास्तव में इसे वर्ल्ड चैम्पियन का ताक़तवर अभियान कहा जा सकता है। तकरीबन आधा मिनट बाद संगीता ने पीछे आकर दो अंक बटोरे और अंतर को कम किया। पहला राउंड समाप्त होने से तकरीबन 25 सेकंड पहले वानेसा ने डबल लेग अटैक से आक्रमण किया। इस बार संगीता ने अच्छे डिफेंस का परिचय देते हुए इस खतरे को टाल दिया और फिर दोनों आमने–सामने एक दूसरे को चुनौती देती दिखाई दीं। दूसरे राउंड में ज़ोन से बाहर धकेलकर संगीता ने स्कोर को 3–4 कर दिया। इसके तुरंत बाद संगीता ने एक जवाबी हमला बोला मगर इस पर वह अंक हासिल नहीं कर पाईं। आखिरी मिनट के शुरू होते ही संगीता ने एक बार फिर अपने पसंदीदा सिंगल लेग अटैक का परिचय देते हुए न सिर्फ वानेसा के एक पैर को उठा दिया बल्कि अपने दूसरे पैर से वानेसा के दूसरे पैर को काटते हुए गिरा दिया। वानेसा को इतनी तेज़ी से गिराया गया था कि दर्शक खुशी से झूम उठे। इस दांव पर संगीता ने हारी बाज़ी को जीत में बदल दिया। ऊपर से सीधे डेंजर पोज़ीशन में गिराने पर संगीता को चार अंक हासिल हुए और वह स्कोर को 3–4 के बजाय 7–4 पर ले आईं। इसके बाद संगीता ने सिंगल लेग अटैक किया और आखिरी क्षणों में वानेसा ने इसका जवाब डबल लेग अटैक से दिया। मगर इससे स्कोर लाइन में कोई बदलाव नहीं हो सका। मुक़ाबले के बाद संगीता ने कहा कि वह अपना गेम अपने तरीके से खेलीऔर उन्होंने इस बात की कोई परवाह नहीं की कि उनके सामने वर्ल्ड चैम्पियन है। उन्होंने अपनी सारी क़ामयाबी का श्रेय अपने पिता महावीर फोगट को दिया। उन्होंने कहा कि वह उनका ओलिम्पिक पदक जीतने का सपना ज़रूर पूरा करेंगी। एक अन्य सवाल के जवाब में उन्होंने उम्मीद ज़ाहिर की कि विपक्षी टीम की सदस्य उनकी बहन गीता और विनेश को भी मेरी कुश्ती पसंद आई होगी लेकिन उन्हें अपनी टीम की खिलाड़ी के हारने का अफसोस भी ज़रूर हुआ होगा।

नितिन राठी की वर्ल्ड नम्बर 3 पर शानदार जीत

टीम	यूपी दंगल Vs मुम्बई महारथी
मुक़ाबला	नितिन राठी Vs आंद्रेई यात्सेंको
फेज़ (चरण)	लीग
वजन	57 किलो
रेफरी	पावलिना
सीज़न	3
दिनांक	13 जनवरी, 2018

यूपी दंगल की टीम अपने पहले मुक़ाबले में पिछली चैम्पियन पंजाब रॉयल्स को हराकर उत्साह से पूरी तरह से भरी हुई थी जबकि मुम्बई का यह पहला मुक़ाबला था। यूपी दंगल के खिलाफ पहले मुक़ाबले में उसकी ओर से 57 किलोग्राम वर्ग में आंद्रेई यात्सेंको ने चुनौती रखी जबकि उनके सामने नितिन राठी थे, जिनकी अंतरराष्ट्रीय उपलब्धियां यात्सेंको के सामने आस–पास भी नहीं थीं। उन्होंने 2016 के मेयर कप अंतरराष्ट्रीय प्रतियोगिता में सिल्वर मेडल हासिल किया था। यह दिन का पहला मुक़ाबला था। राष्ट्रीय चैम्पियनशिप के फाइनल में पहुंचे हुए भी उन्हें कई साल हो चुके थे।

इन दोनों की कुश्ती की शुरुआत धीमी रही। सच तो यह है कि नितिन ने इस वर्ल्ड मेडलिस्ट को पहले दो मिनट में अंक बनाने का कोई मौका नहीं दिया। इस दौरान नितिन ने एक मौके पर यात्सेंको के बगल से निकलकर सिंगल लेग अटैक की कोशिश की लेकिन यात्सेंको ने उन्हें इसका लाभ नहीं लेने दिया। देखते ही देखते यात्सेंको ने उनकी कमर पकड़ ली। नितिन ने बचाव करके यात्सेंको के खिलाफ सिंगल लेग अटैक किया। हालांकि ग्राउंड पोजीशन से रेड ज़ोन से बाहर निकलने के फलस्वरूप किसी को कोई अंक नहीं मिला। यात्सेंको को

किसी ने सपने में भी नहीं सोचा होगा कि नितिन राठी वर्ल्ड नम्बर तीन यात्सेंको को हरा देंगे

शिथिलता के चलते 30 सेकंड का पैसिविटी टाइम दिया गया लेकिन इस दौरान कोई अंक न बनने की वजह से उन्हें मुक़ाबले का पहला अंक गंवाना पड़ा।

दूसरे राउंड में यात्सेंको ज़्यादा आक्रामक दिखाई दिये। उन्होंने दो डबल लेग अटैक के असफल प्रयास किये मगर तीसरे प्रयास पर वह नितिन के एक पांव को 90 डिग्री तक ऊपर उठाने में सफल रहे और दूसरे पैर से उन्होंने शुद्ध भारतीय अंदाज़ में दूसरे पैर पर प्रहार करके संतुलन बिगाड़ा और रेड ज़ोन पर नितिन को गिराकर दो अंक बटोर लिये। इस तरह यात्सेंको 2–1 की बढ़त बनाने में सफल हो गये। जब पांचवां मिनट समाप्ति की ओर था तो यात्सेंको एक पैसिविटी अंक हासिल करने में सफल हो गये और स्कोर 3–1 हो गया। उस समय नितिन पर हार के बादल मंडरा रहे थे, जो उस समय किसी को भी चौंकाने वाला परिणाम नहीं लग रहा था लेकिन आखिरी छह सेकंड में नितिन ने वह कर दिखाया, जिसकी किसी को उम्मीद नहीं थी। उन्होंने एक आक्रमण पर यात्सेंको को गिराया। उस समय चार सेकंड बाकी थे और मुक़ाबला समाप्त होने से केवल एक सेकंड पहले नितिन ने यात्सेंको के दोनों घुटने मैट पर लगाकर दो अंक जुटा लिये और वह 4–3 से यह कुश्ती जीतने में सफल हो गये। नितिन इस जीत के साथ वर्ल्ड चैम्पियनशिप के ब्रॉन्ज़ मेडलिस्ट को हराकर प्रतियोगिता का एक बड़ा उलटफेर करने में सफल हो गये। उस समय यह बात साबित हो गई कि अगर एक अच्छे कोच से कोचिंग का अवसर मिले और पहलवान गम्भीरता के साथ अभ्यास करता रहे तो उसके अच्छे परिणाम आने तय हैं। ऐसा नितिन के साथ हुआ क्योंकि नितिन को ओलिम्पिक मेडलिस्ट योगेश्वर दत्त का सानिध्य मिला और बजरंग पूनिया जैसे काबिल गुरु भाई मिले जिनके लिए कुश्ती ही सब कुछ है। इन सबका फायदा नितिन राठी को मिला और वह देखते ही देखते साधारण से असाधारण पहलवान साबित हुए।

उतार–चढ़ाव से भरे मुक़ाबले के बीच संदीप तोमर ने वर्ल्ड नम्बर तीन यात्सेंको को चित करके सबका दिल जीत लिया

कभी दस अंक की बढ़त तो कभी आठ अंक गंवाना

टीम	:	दिल्ली सुल्तांस Vs मुम्बई महारथी
मुक़ाबला	:	संदीप तोमर Vs आंद्रेई यात्सेंको
फेज़ (चरण)	:	लीग
वजन	:	57 किलो
रेफरी	:	पावलिना
सीज़न	:	3
दिनांक	:	9 जनवरी, 2018

किसी लीग का पहला मैच और उसमें भी पहला मुक़ाबला काफी मायने रखता है। हर किसी की निगाहें उस मुक़ाबले पर टिकी होती हैं और अगर यह मुक़ाबला दुनिया के तीसरे नम्बर के खिलाड़ी और भारत के एशियाई चैम्पियन रह चुके पहलवान के बीच हो तो फिर कहने ही क्या। हम यहां बात कर रहे हैं संदीप तोमर और वर्ल्ड चैम्पियनशिप के ब्रॉन्ज़ मेडलिस्ट यूक्रेन के आंद्रेई यात्सेंको के बीच मुक़ाबले की। संदीप तोमर के लिए सकारात्मक बात यह थी कि 2016 की एशियाई चैम्पियनशिप में उनके नाम गोल्ड मेडल था जबकि यात्सेंको के नाम इसी वर्ष की यूरोपीय चैम्पियनशिप का सिल्वर मेडल था। दिल्ली का प्रदर्शन पिछली प्रतियोगिताओं में कुछ खास नहीं रहा था जबकि मुम्बई की टीम सीज़न 1 की चैम्पियन और सीज़न 2 की सेमीफाइनलिस्ट थी।

संदीप ने शुरू में ही आक्रामक तेवर दिखाते हुए सामने की पकड़ से यात्सेंको को बाईं ओर धकेला और फिर अपने पसंदीदा अंदाज़ में बगल से निकलकर दो अंक जुटा लिये। 31वें मिनट में संदीप ने बिल्कुल उसी अंदाज़ में दो अंक बटोरे जैसे पहले बटोरे थे। इस तरह उनकी कुल बढ़त 4–0 हो गई। इसके तुरंत बाद यात्सेंको ने डबल लेग अटैक की कोशिश की लेकिन संदीप ने उन्हें सफल नहीं होने

दिया। जब दूसरा मिनट समाप्ति की ओर था तो संदीप ने यात्सेंको के बगल से निकलकर उन्हें न सिर्फ गिराया बल्कि दो अंक भी बटोर लिये। इस तरह वह 6–0 से आगे हो गये। जब पहला राउंड समाप्त होने में 20 सेकंड बचे थे तब संदीप ने स्टैंडिंग पोजीशन में यात्सेंको के बेहद करीब आकर उन्हें गिराते ही दो अंक और हासिल कर लिये। अब उनकी बढ़त 8–0 हो गई थी। इसी पोजीशन पर भारंदाज़ लगाकर उन्होंने अपनी बढ़त को 10–0 कर दिया।

दूसरे राउंड में सिंगल लेग अटैक पर यात्सेंको ने मुक़ाबले में पहली बार दो अंक हासिल किये और इसी पोजीशन पर गटरंज लगाकर दो और अंक जुटा लिये। इसी पोजीशन पर ईरानी दांव के इस्तेमाल के साथ उन्होंने दो अंक बटोरे और जो अंतर कभी दस अंकों का था, वह अब केवल चार अंकों का रह गया। पांचवें मिनट में संदीप ने जनेऊ दांव लगाने का प्रयास किया मगर यात्सेंको ने अच्छे बचाव के साथ खतरा टाल दिया। छठे मिनट में यात्सेंको ढाक दांव का इस्तेमाल करना चाहते थे लेकिन वहीं संदीप ने उन्हें दबा लिया लेकिन वह दो अंक के लिए पोजीशन नहीं ले पाये। वहीं संदीप ने रोल करके दो अंक हासिल किये और यात्सेंको ने इसके साथ ही लोट दांव का अच्छा प्रयोग करके अंतर को फिर से कम कर दिया। उस समय स्कोर 8–12 हो गया। उस वक्त संदीप ने किसी तरह डेंजर पोजीशन को टालने के लिए ब्रिज का सहारा लिया और अपने बेहतरीन रक्षण का परिचय देते हुए संदीप ने खतरा पूरी तरह से टाल दिया। स्टैंडिंग पोजीशन आते ही यात्सेंको ने संदीप को ज़ोन से बाहर धकेलकर स्कोर को 9–12 कर दिया। उस समय मुक़ाबला समाप्त होने में केवल पांच सेकंड बाकी थे और यात्सेंको के लिए करो या मरो की स्थिति आ गई। उन्होंने स्टैंडिंग पोजीशन में गर्दन से पकड़कर खेमे पोजीशन में पीछे गिराना चाहा लेकिन वहीं संदीप ने उन्हें दबा लिया और आखिरी दो सेकंड में उन्हें स्टेडियम की छत दिखाने के लिए मजबूर कर दिया।

दो वर्ल्ड ब्रॉन्ज़ मेडलिस्ट में चला कांटे का मुक़ाबला

टीम	:	दिल्ली सुल्तांस Vs वीर मराठा
मुक़ाबला	:	असलान अलबरोव Vs जॉर्जी केतोएव
फेज़ (चरण)	:	लीग
वजन	:	92 किलो
रेफरी	:	सत्यदेव मलिक
सीज़न	:	3
दिनांक	:	21 जनवरी, 2018

दिल्ली सुल्तांस की टीम पीडब्ल्यूएल में दूसरे सीज़न मेंशामिल हुई थी जबकि वीर मराठा का इस लीग में भाग लेने का यह पहला मौका था। दिल्ली की टीम इस मुक़ाबले से पहले ही खिताब की होड़ से बाहर हो चुकी थी जबकि वीर मराठा के लिए यह मुक़ाबला करो या मरो का मुक़ाबला था। उसकी नज़र सेमीफाइनल में पहुंचने पर टिकी हुई थी। 92 किलो वर्ग में उसके पास वर्ल्ड चैम्पियनशिप के ब्रॉन्ज मेडलिस्ट जॉर्जी केतोएव थे। वहीं दिल्ली के पास भी यही उपलब्धि वाले असलान अलबरोव थे। वह इंटर कॉन्टिनेंटल कप के भी गोल्ड मेडलिस्ट थे। सच तो यह है कि दोनों का एक ही चैम्पियनशिप में और एक ही वज़न में ब्रॉन्ज़ मेडल था लेकिन इस बार दोनों आमने–सामने थे। वैसे सीज़न दो में भी यही स्थिति महिलाओं के 62 किलोग्राम वर्ग में देखने में आई थी, जब साक्षी मलिक और मारवा आमरी पीडब्ल्यूएल में एक ही वजन में थे। दोनों का रियो ओलिम्पिक में एक ही वजन में कांस्य पदक था लेकिन वह मुक़ाबला इसलिए नहीं हो पाया क्योंकि मुक़ाबले से पहले ही साक्षी अनफिट हो गई थीं। बहरहाल यहां असलान और जॉर्जी हार मानने वाले नहीं थे। दोनों ने शिद्दत से मुक़ाबला लड़ा। दरअसल विश्व स्तर की किसी प्रतियोगिता में

दो बराबरी के योद्धा... असलान और जॉर्जी

बराबरी का पदक जीतने पर कुश्ती प्रेमियों में यह जानने की चाहत बढ़ जाती है कि इन दोनों में बेहतर कौन है। कुश्ती प्रेमियों को भी इसी बात का इंतज़ार था।

शुरुआती दौर में कोई भी पहलवान अंक नहीं बटोर सका जिससे जॉर्जी को 30 सेकंड का पैसिविटी टाइम दिया गया लेकिन जॉर्जी इस दौरान कोई अंक नहीं बना सके जिससे असलान एक अंक की बढ़त बनाने में सफल हो गये। हाफ टाइम तक यही स्कोर रहा। दूसरे राउंड में असलान ने जॉर्जी का सिंगल लेग अटैक से संतुलन बिगाड़ा और पीछे आकर दो अंक बटोरकर अपनी बढ़त को 3–0 कर दिया। आखिरी मिनट में जॉर्जी को पैसिविटी दी गई मगर 30 सेकंड में अंक न ले पाने के कारण उन्हें पहला अंक हासिल हुआ। इस मुक़ाबले का महत्व इस लिहाज से भी अधिक था क्योंकि दिल्ली–वीर मराठा के मुक़ाबले का स्कोर 1–1 से बराबर था। संदीप तोमर दिल्ली के लिए अपना मुक़ाबला जीत चुके थे जबकि वीर मराठा के लिए रितु फोगट ने मुक़ाबला जीता था। इस जीत के साथ असलान का इस लीग में अपराजित रहने का सिलसिला बरकरार रहा। दरअसल दिल्ली टीम में असलान और संदीप तोमर ही ऐसे खिलाड़ी थे जो इस सीज़न में अपराजित रहे।

इलियास को किसने दी पटखनी... रामोनोव ने या इंजरी ने?

ओलिम्पिक चैम्पियन को बहाना पड़ा खूब पसीना

टीम	:	मुम्बई महारथी Vs पंजाब रॉयल्स
मुक़ाबला	:	सोसलान रामोनोव Vs इलियास
फेज़ (चरण)	:	लीग
वजन	:	92 किलो
रेफरी	:	अजित मान
सीज़न	:	3
दिनांक	:	22 जनवरी, 2018

ओलिम्पिक चैम्पियन और यूरोपीय चैम्पियन की भिड़ंत भारत की धरती पर हो तो कहने ही क्या। ऐसा पीडब्ल्यूएल के दौरान मुम्बई महारथी और पंजाब रॉयल्स के बीच खेले गये मुक़ाबले के दौरान देखने को मिला। मुम्बई की ओर से ओलिम्पिक चैम्पियन सोसलान रामोनोव उतरे जबकि पंजाब रॉयल्स की ओर से इलियास बेकबुलातोव ने चुनौती रखी। सोसलान वर्ल्ड मिलिट्री गेम्स के भी स्वर्ण पदक विजेता थे। जिस समय इन दोनों के बीच मुक़ाबला शुरू हुआ तो उस समय पंजाब की टीम 5–1 से आगे थी।

इस मुक़ाबले के 55 सेकंड तक दोनों ओर से ज़्यादा जद्दोजहद देखने को नहीं मिली। मगर इसके बाद रामोनोव ने एक जवाबी हमले पर पीछे आकर इलियास के बायें पांव को पीछे से उठाकर उनके घुटने मैट पर लगाने की कोशिश की। मगर इलियास ने अपनी सूझबूझ का अच्छा परिचय देते हुए रामोनोव को दो के बजाय एक अंक ही लेने दिया। इस एक अंक की बढ़त के बाद रामोनोव ने सिंगल लेग अटैक से इलियास को डेंजर पोज़ीशन में गिराया, जिस पर उन्हें दो और अंक हासिल हुए। यदि यही काम वह स्टैंडिंग पोज़ीशन में करते तो इसके लिए उन्हें चार अंक हासिल होते। मगर इलियास निर्णय से खुश नहीं थे। उन्होंने जूरी के

सामने आपत्ति दर्ज की। यह आपत्ति खारिज होने से उन्हें एक अंक और गंवाना पड़ा। इलियास ने पहला राउंड समाप्त होने से दस सेकंड पहले रामोनोव के बगल से निकलकर दो अंक हासिल करके अंतर को कम किया। मध्यांतर तक इलियास 2–5 से पीछे थे।

दूसरे राउंड में इलियास ने वही रणनीति अपनाई जो पहले राउंड में अपनाई थी और वह बगल से निकलकर दो और अंक हासिल करने में सफल रहे। इस तरह दोनों के बीच केवल एक अंक का फासला रह गया। देखते ही देखते इलियास ने उन्हें सामने कमर से पकड़कर बाहर किया जिससे स्कोर 5–5 से बराबर हो गया। रामोनोव ने भी इलियास की इसी शैली में कमर को पकड़ा और उन्हें रेड ज़ोन से बाहर निकालकर स्कोर को 6–5 कर दिया। अगले ही प्रयास में रामोनोव ने इलियास के दाहिने पांव को काफी ऊपर उठा दिया और फिर उन्हें बाहर धकेलकर एक अंक और हासिल किया। इस दौरान इलियास ने इंजरी की शिकायत करते हुए मेडिकल टाइम लिया। दरअसल, उनके घुटने की इंजरी फिर से उभर आई। जब मुक़ाबले का समय समाप्त हुआ तो इलियास लंगड़ाते हुए मैट से बाहर आ रहे थे। इलियास का भारत में किसी प्रतियोगिता में आना बड़ी खबर है क्योंकि उनका इस लीग में शुरू से ही जलवा रहा है। सीज़न 2 में भी और इस सीज़न में भी। मगर इस बार उनके सामने एक बड़ा पहलवान था। फिर भी इस ओलिम्पिक चैम्पियन के खिलाफ भी इलियास बहादुरी से लड़े और एक समय तो उन्होंने स्कोर को 5–5 से बराबर ही पहुंचा दिया था। दर्शकों ने इस मुक़ाबले का भरपूर लुत्फ उठाया।

रियो का बदला नहीं ले पाईं विनेश

टीम	:	हरियाणा हैमर्स Vs यूपी दंगल
मुक़ाबला	:	सुन यनान Vs विनेश
फेज़ (चरण)	:	लीग
वजन	:	50 किलो
रेफरी	:	सत्यदेव मलिक
सीज़न	:	3
दिनांक	:	23 जनवरी, 2018

पीडब्ल्यूएल के दौरान चीन की सुन यनान और विनेश फोगट के बीच मुक़ाबले का हर किसी को बेसब्री से इंतज़ार था। इसकी बड़ी वजह रियो ओलिम्पिक में सुन यनान के खिलाफ विनेश का इंजर्ड होकर सपना टूटना था। विनेश कई मंचों पर उनसे रियो की हार का हिसाब चुकता करने की बात कह चुकी थीं। सुन यनान को रियो में कांस्य पदक हासिल हुआ था।

इन दोनों खिलाड़ियों पर अपनी टीम को सेमीफाइनल में पहुंचाने को लेकर कोई दबाव नहीं था क्योंकि दोनों टीमें पहले ही अंतिम चार में अपना स्थान पक्का कर चुकी थीं। विनेश सीज़न 1 की सर्वश्रेष्ठ खिलाड़ी चुनी गई थीं और वह इस सीज़न में भी तब तक अपराजित रही थीं। सच तो यह है कि इस मुक़ाबले का जितना कुश्ती प्रेमियों को इंतज़ार था, उससे ज़्यादा बेसब्री से इंतज़ार विनेश को भी था। तभी तो मुक़ाबले के शुरू होने के साथ ही विनेश ने डबल लेग अटैक करके अपने इरादे ज़ाहिर कर दिये। दो अंक बटोरने के साथ ही उन्होंने अपनी ताक़त का परिचय देते हुए सुन को रेड ज़ोन से बाहर निकाल दिया। उस समय ऐसा लग रहा था कि विनेश के इरादे कुछ और ही हैं। पहला राउंड समाप्त होने से करीब 23 सेकंड पहले दोनों खिलाड़ी बैठी पोजीशन में एक दूसरे के सामने थीं। विनेश उठकर इस पोजीशन पर संभली ही थी कि सुन यनान ने

सुन यनान के हाथों विनेश की हार ने दर्शकों को पूरी तरह से शांत कर दिया

दायें कंधे की ताक़त का इस्तेमाल करते हुए विनेश को गिरा दिया। तब विनेश चित होते–होते बचीं। इसके बावजूद विनेश के पास एक अंक की बढ़त थी। उसी पोज़ीशन में सुन ने भारंदाज तकनीक का इस्तेमाल करते हुए 4–3 की बढ़त बना ली। मगर इसके बाद सुन ने पीछे मुड़कर नहीं देखा। हालांकि विनेश ने डबल लेग अटैक का प्रयास किया जिस पर सुन ने न सिर्फ बखूबी बचाव किया बल्कि उन्हें दायीं ओर खेमे पोज़ीशन में घुमाकर चार अंक जुटा लिये। अब विनेश ने सुन को ज़ोन से दो बार बाहर करके अंतर कम किया। पांचवें मिनट में सुन विनेश को डेंजर पोज़ीशन में लाकर दो अंक जुटाने में सफल रहीं जिससे स्कोर 5–10 हो गया। इसी खेमे तकनीक पर सुन ने विनेश को डेंजर पोज़ीशन में गिराकर चार अंक जुटाये और मुक़ाबले में अपनी स्थिति को बेहद मज़बूत कर लिया। इसी खेमे पर जवाबी हमला बोलकर विनेश ने अपना छठा अंक जुटाया। वहीं सुन भी मुस्तैद थीं। उन्होंने विनेश के अंदाज़ में जवाब देते हुए इस बार ज़ोन से बाहर निकालकर अपना 15वां अंक हासिल किया। यही काम विनेश ने भी किया और स्कोर 7–15 हो गया।

सुन यनान की इस मामले में तारीफ करनी होगी कि आठ अंकों की बढ़त होने के बावजूद उन्होंने अपने आक्रमणों को जारी रखा। मुक़ाबला समाप्त होने से 20 सेकंड पहले सुन जवाबी हमले पर विनेश के दोनों घुटने मैट पर नहीं लगा पाईं। इस तरह विनेश को पीडब्ल्यूएल के मंच पर पहली बार हार का सामना करना पड़ा। हालांकि विनेश यूपी टीम की आइकन खिलाड़ी थीं जबकि सुन यनान आइकन खिलाड़ी न होते हुए भी सबकी आंख का तारा बन गईं। विनेश की हार यूपी दंगल की हार का कारण बनीं क्योंकि इस मुक़ाबले से पहले स्कोर 3–3 से बराबर था।

विपक्षी के हाथ में आता अंक कैसे छीना जाता है, उसकी मिसाल बना कौम्बा–वैसिलिसा मुक़ाबला

वैसिलिसा ने कौम्बा को हल्का समझने की भूल की

टीम	:	पंजाब रॉयल्स Vs वीर मराठा
मुक़ाबला	:	कौम्बा लॉरेक Vs वैसिलिसा मारज़ाल्यूक
फेज़ (चरण)	:	सेमीफाइनल
वजन	:	76 किलो
रेफरी	:	वीरेंद्र मलिक
सीज़न	:	3
दिनांक	:	24 जनवरी, 2018

जब वीर मराठा की वैसिलिसा मारज़ाल्यूक और कौम्बा लॉरेक के बीच पीडब्ल्यूएल सीज़न 3 में सेमीफाइनल में कुश्ती शुरू हुई तो हर कोई वैसिलिसा को सम्भावित विजेता मान चुका था। इसकी दो वजह थीं। एक, वैसिलिसा ने लीग मुक़ाबले में कौम्बा पर 6–2 से आसान जीत दर्ज की थी और दो, वैसिलिसा सीनियर स्तर की मंझी हुई पहलवान थीं, जो इससे पिछले वर्ष की वर्ल्ड चैम्पियनशिप में सिल्वर मेडल अपने नाम कर चुकी थीं जबकि कौम्बा अंडर 23 की वर्ल्ड चैम्पियन थीं लेकिन उन पर जूनियर होने का दाग लगा था और हर कोई यही मानकर चल रहा था कि युवा जोश पर अनुभव भारी पड़ेगा। वैसे भी ज़्यादातर कुश्तियों में ऐसा देखा गया है कि जूनियर स्तर के पहलवानों को सीनियर स्तर पर अच्छा प्रदर्शन करने में समय लगता है। यही स्थिति इस कुश्ती में मानी जा रही थी। अगर सीनियर स्तर पर कौम्बा ने वर्ल्ड चैम्पियनशिप में ब्रॉन्ज़ मेडल हासिल किया था तो भी उनका यह प्रदर्शन वैसिलिसा के सिल्वर के मुक़ाबले कम ही था।

पंजाब रॉयल्स की टीम का प्रदर्शन वीर मराठा की तुलना में इस लीग में काफी अच्छा रहा। शुरुआती मिनटों में दोनों ओर से कोई अंक नहीं बना और कौम्बा ने वैसिलिसा से ज़्यादा आक्रामक कुश्ती लड़कर अपने इरादे ज़ाहिर कर दिये,

जिससे वैसिलिसा को 30 सेकंड के एक्टिविटी टाइम में अंक बटोरना था और वह अपनी पॉवर गेम से कौम्बा को रेड ज़ोन पर लेकर भी आईं। मगर यहीं कौम्बा ने अपनी सूझबूझ का परिचय देते हुए ज़ोन के अंदर आते हुए वैसिलिसा का पैर बाहर जाने के लिए मजबूर कर दिया। इस तरह जो अंक वैसिलिसा को मिलना चाहिए था, वह कौम्बा ने उनसे छीन लिया। मध्यांतर से 26 सेकंड पहले वैसिलिसा ने गर्दन पर पकड़ बनाकर वही किया, जो कुछ समय पहले कौम्बा ने किया था और वह कौम्बा को बाहर धकेलकर बराबरी करने में सफल रही। इसके तुरंत बाद इसी तकनीक का फिर इस्तेमाल करते हुए वैसिलिसा ने अपने पॉवर गेम से कौम्बा को बाहर धकेलकर 2–1 की बढ़त बना ली।

मध्यांतर के बाद इन दोनों महिला पहलवानों को देखकर ऐसा लगा जैसे भारत में कोई दंगल की कुश्ती चल रही हो क्योंकि दोनों सिर के साथ सिर मिलाए हुए जूझ रही थीं। दोनों का ध्यान उस समय हाथों की पकड़ पर केंद्रित था। इस बार वैसिलिसा कौम्बा को निष्क्रिय स्थिति में लाने में सफल रहीं जिससे कौम्बा को 30 सेकंड का एक्टिविटी टाइम दिया गया। इस दौरान कौम्बा कोई अंक नहीं जुटा पाईं जिससे वैसिलिसा मुक़ाबले में 3–1 से आगे हो गईं। पांचवां मिनट शुरू होते ही कौम्बा ज़ोन से बाहर होते–होते बचीं। इसके ठीक आधा मिनट गुज़र जाने के बाद कौम्बा डबल लेग अटैक से वैसिलिसा को नीचे गिराकर दो अंक बटोरने में सफल हो गईं। इस अंक से उन्होंने अंकों के आधार पर मुक़ाबले में बराबरी कर ली। इसके बाद वैसिलिसा ने कौम्बा को ज़ोन से बाहर धकेलना चाहा मगर कौम्बा ने पहले राउंड की सूझबूझ का एक बार फिर से परिचय देते हुए वैसिलिसा को ही ज़ोन से बाहर कर दिया। इस तरह कौम्बा 4–3 की जीत के साथ एक बड़ा उलटफेर करने में सफल रहीं।

हरफूल ने पूर्व एशियाई चैम्पियन को हराया

टीम	: हरियाणा हैमर्स Vs वीर मराठा
मुक़ाबला	: हरफूल Vs अमित धनकड़
फेज़ (चरण)	: सेमीफाइनल
वजन	: 65 किलो
रेफरी	: शिनयई जेयूंग
सीज़न	: 3
दिनांक	: 10 जनवरी, 2018

हरफूल और अमित धनकड़ दिल्ली के छत्रसाल अखाड़े के पहलवान हैं। दोनों एक दूसरे की तकनीक से भी बखूबी वाकिफ हैं। इन दोनों के बीच सीज़न 3 में मुक़ाबला हुआ। हरफूल मूलतः 61 किलो वर्ग के पहलवान थे जबकि अमित धनकड़ 70 किलो के पहलवान थे लेकिन ये दोनों वजन पीडब्ल्यूएल में नहीं थे जिससे हरफूल को अपना वजन बढ़ाकर और अमित को वजन कम करके 65 किलो वर्ग में उतरना पड़ा। यह स्थिति हरफूल के लिए इसलिए अच्छी थी क्योंकि आम तौर पर पहलवान का वजन अपनी वजन श्रेणी से कुछ ज़्यादा ही रहता है और वह प्रतियोगिता शुरू होने से पहले ही उसे कम करता है। इस लिहाज से हरफूल को अपना वजन कम या ज्यादा करने की अधिक ज़रूरत महसूस नहीं हुई लेकिन अमित को अपने वजन को कम करने के लिए ज़रूर जूझना पड़ा।

अनुभव के लिहाज से ज़रूर अमित का पलड़ा भारी था क्योंकि वह 2013 की एशियाई चैम्पियनशिप के गोल्ड मेडलिस्ट थे और चार बार वह कॉमनवेल्थ चैम्पियनशिप में भी गोल्ड जीत चुके थे। वहीं हरफूल 2016 की कॉमनवेल्थ चैम्पियनशिप के गोल्ड मेडलिस्ट थे और इससे पिछली राष्ट्रीय चैम्पियनशिप में भी उन्हें कांस्य ही हासिल हो पाया था।

निर्णायक अंक लेने के बाद हरफूल का अमित को उलझाए रखना कारगर रहा

मुक़ाबले के एक मिनट 45 सेकंड गुजर जाने के बाद अमित ने एक निर्णायक सिंगल लेग अटैक करके हरफूल का संतुलन बिगाड़ा और फिर अपने शरीर का पूरा वजन पीछे से लाकर उन पर डाल दिया जिससे वह दो अंक बटोरने में सफल रहे। तीसरे मिनट में हरफूल ने सिंगल लेग अटैक से अमित को रेड ज़ोन से बाहर धकेलकर अंतर कम किया लेकिन अमित मुस्तैद रहे और उन्होंने डबल लेग अटैक पर दो अंक हासिल करके 3–1 की बढ़त बना ली। उस समय युवा जोश पर अनुभव भारी पड़ता दिखाई दिया। मगर हरफूल भी भला कहां हार मानने वाले थे। उन्होंने स्टैंडिंग पोजीशन में अमित को पीछे आकर पकड़ा और उनका संतुलन बिगाड़कर नीचे गिराया। उनका यह दांव कारगर रहा क्योंकि इससे न सिर्फ वह दो अंक हासिल करके बराबरी करने में सफल रहे बल्कि इस तकनीक ने एक तरह से उनके लिए टॉनिक का काम किया। मगर यहीं अमित का अनुभव काम आया और उन्होंने ग्राउंड पोजीशन पर दो अंक हासिल करके 5–3 की बढ़त हासिल की। इन दो अंकों का माकूल जवाब देते हुए हरफूल ने डबल लेग अटैक से पीछे आकर स्कोर 5–5 से बराबर कर दिया। यह अमित के लिए चिंता की बात थी क्योंकि आखिरी अंक हरफूल ने हासिल किया था। हरफूल ने ऐसी स्थिति के बावजूद आक्रमण करना जारी रखा और सिंगल लेग अटैक से अमित को उलझाए रखा। हालांकि इस अटैक पर हरफूल अंक नहीं ले पाये लेकिन वह 5–5 के स्कोर पर आखिरी अंक लेने के आधार पर प्रतियोगिता का एक बड़ा उलटफेर करने में ज़रूर सफल हो गये। एक तरह से हरफूल को अमित के एक ही अखाड़े में अभ्यास का भी फायदा मिला क्योंकि वह मुक़ाबले के दौरान अमित के हर सम्भावित अभियान का अंदाज़ा पहले से ही लगा लेते थे।

सत्यव्रत को उन्हीं के पसंदीदा दांव में उलझाया दीपक पूनिया ने

युवा तूफान ने उड़ा दिये अनुभव के छक्के

टीम	: पंजाब रॉयल्स Vs मुम्बई महारथी
मुक़ाबला	: दीपक पूनिया Vs सत्यव्रत कादियान
फेज़ (चरण)	: लीग
वजन	: 92 किलो
रेफरी	: पावलिना
सीज़न	: 3
दिनांक	: 22 जनवरी, 2018

दीपक पूनिया और सत्यव्रत कादियान की कुश्ती जब शुरू हुई तो हर किसी ने सत्यव्रत को सम्भावित विजेता मान लिया था। इसकी बड़ी वजह यह थी कि सत्यव्रत हैवीवेट वर्ग के देश के चुनिंदा पहलवानों में से एक थे और इस वजन में उनका राष्ट्रीय और अंतरराष्ट्रीय स्तर पर खूब नाम था। वह 2016 की कॉमनवेल्थ चैम्पियनशिप में भी स्वर्ण पदक जीत चुके थे जबकि दीपक पूनिया को सीनियर स्तर पर कोई नहीं जानता था। उनकी सारी उपलब्धियां कैडेट और जूनियर वर्ग तक सीमित थीं। वह इससे पिछले साल एशियाई जूनियर कुश्तियों में सिल्वर मेडल जीत चुके थे। इसके अलावा पंजाब रॉयल्स की स्थिति मुम्बई महारथी के मुक़ाबले कहीं अच्छी थी।

दीपक के लिए राहत की बात यह थी कि वह मुक़ाबले के पहले डेढ़ मिनट तक सत्यव्रत को रोके रहे लेकिन उनके मुक़ाबले थोड़ा धीमे होने की वजह से उन्हें 30 सेकंड का एक्टिविटी टाइम दिया गया मगर इस दौरान कोई अंक हासिल न करने की वजह से सत्यव्रत को मुक़ाबले का पहला अंक हासिल हुआ। वहीं से सत्यव्रत ने उन्हें ज़ोन से बाहर धकेलकर दूसरा अंक हासिल किया।

सत्यव्रत के बारे में कहा जाता है कि जब उनके अंक बनने का सिलसिलाशुरू होता है तो वह इतनी आसानी से थमता नहीं है। यही उन्होंने यहां भी किया और अपनी पसंदीदा बगलडूब की तकनीक लगाकर उन्होंने अपनी बढ़त को 4–0 कर दिया। इस दौरान दीपक ने डबल लेग अटैक ज़रूर किया लेकिन अपने अनुभव का इस्तेमाल करते हुए सत्यव्रत ने अच्छा बचाव करके खतरा टाल दिया। आखिरी मिनट में सत्यव्रत ने एक अंक और हासिल करके अपनी बढ़त को 5–0 कर दिया। यह वह स्थिति थी जब स्टेडियम में मौजूद दर्शकों ने मान लिया था कि मुम्बई को इस मुक़ाबले में सत्यव्रत के ज़रिये बढ़त हासिल होनी तय हो गई है। मगर इसके बाद युवा तूफान आया, जो तमाम अनुभवों को उड़ा ले गया। इस 25 सेकंड के तूफान ने मुक़ाबले की तस्वीर ही बदल दी। इस दौरान सबसे पहले दीपक ने सत्यव्रत को उन्हीं के पसंदीदा दांव बगलडूव में उलझाकर दो अंकों के साथ अंतर कम किया और उसके छह सेकंड के बाद ही उनके दोनों घुटने मैट पर लगाये और पीछे आने की पोज़ीशन वह पहले ही ले चुके थे। उस समय डग आउट में बैठी साक्षी मलिक के चेहरे पर चिंता की लकीरों को साफ तौर पर देखा जा सकता था। अब दोनों के बीच अंतर केवल एक अंक का रह गया था। हालांकि मुम्बई के खेमे से आपत्ति भी दर्ज की गई लेकिन उसका कोई लाभ नहीं हुआ। आपत्ति खारिज होने से सत्यव्रत को एक अंक गंवाना पड़ा। लगातार अच्छी तकनीक का परिचय दे रहे दीपक पूनिया ने इस बार पॉवर गेम का परिचय दिया और सत्यव्रत को ज़ोन से बाहर निकालकर स्कोर बराबर कर दिया। मुक़ाबला जीतने के बाद दीपक ने अपने से कहीं अधिक अनुभवी पहलवान सत्यव्रत के पांव छूकर सबका दिल जीत लिया। मुक़ाबले के बाद दीपक ने कहा कि वह अपने सीनियर पहलवान सत्यव्रत का सम्मान करते हैं। इस संघर्षपूर्ण मुक़ाबले में आखिरी क्षणों में जैसा उन्होंने चाहा, वैसा होता चला गया, जिससे वह उलटफेर करने में क़ामयाब हो गये।

खेतिक को जिताया अच्छे डिफेंस ने

टीम	:	हरियाणा हैमर्स Vs यूपी दंगल
मुक़ाबला	:	खेतिक Vs बेकजोद
फेज़ (चरण)	:	लीग
वजन	:	74 किलो
रेफरी	:	अशोक कुमार
सीज़न	:	3
दिनांक	:	23 जनवरी, 2018

सीज़न 3 में यूपी दंगल की टीम ने शानदार प्रदर्शन से हर किसी को अपना मुरीद बना लिया था। मगर कागज़ों पर हरियाणा हैमर्स के सामने उसकी टीम थोड़ी हल्की दिख रही थी। इसकी बड़ी वजह महिलाओं के 50 और पुरुषों के 74 किलो में हरियाणा के पास तगड़े पहलवानों का होना था। उसके पास 50 किलो में सुन यनान और 74 किलो में खेतिक जैसे आला दर्जे के पहलवान मौजूद थे। वहीं यूपी के पास इन वजनों में विनेश फोगट और बेकजोद थे। हरियाणा और यूपी के मुक़ाबले का महत्व इसलिए भी अधिक था क्योंकि इस मुक़ाबले से यह तय होना था कि सेमीफाइनल में पहुंचने वाली टीमों का क्रम क्या है।

बेकजोद और खेतिक के मुक़ाबले के समय दोनों टीमों का स्कोर 1–1 से बराबर था। ओलिम्पिक और वर्ल्ड चैम्पियन व्लादीमिर खिनचेंगाशिवली ने नितिन राठी को हराकर हरियाणा को 1–0 से आगे किया जबकि वर्ल्ड चैम्पियन वानेसा कालादज़िंस्काया ने पूजा गहलौत को हराकर स्कोर बराबर कर दिया। खेतिक वर्ल्ड चैम्पियनशिप के सिल्वर मेडलिस्ट होने के अलावा वर्ल्ड मिलिट्री चैम्पियनशिप के गोल्ड मेडलिस्ट थे जबकि बेकजोद एशियाई खेलों के भी चैम्पियन थे और एषियाई चैम्पियनशिप में भी उन्हें गोल्ड हासिल हुआ था।

दो दिग्गजों में महासंग्राम... खेतिक (बायें) और बेकजोद

इस मुक़ाबले में खेतिक की शुरुआत बेहद आक्रामक रही। खेतिक ने सिंगल लेग अटैक पर 2–0 की बढ़त बनाई और फिर फीतले दांव के इस्तेमाल से दो और अंक जुटा लिये। उस समय खेतिक अजीबोगरीब तरीके से बेकजोद को साइड से पलटना चाह रहे थे। तभी बेकजोद ने उनके दाहिने पांव को अपने कब्ज़े में किया और ज़ोन के नज़दीक उनके दोनों घुटने मैट पर लगाकर अंतर को 2–4 कर दिया। हालांकि उन्हें घुटनों को मैट पर लगाने में कड़ी मेहनत करनी पड़ी। डेढ़ मिनट पूरा होने से कुछ पहले ही बेकजोद ने ग्राउंड पोज़ीशन पर ईरानी दांव के प्रयोग से दो अंक और जुटाकर स्कोर 4–4 से बराबर कर दिया। पहला राउंड समाप्त होने से आठ सेकंड पहले खेतिक ने लेग अटैक पर बेकजोद को ज़ोन से बाहर निकालकर अपनी बढ़त को 5–4 कर दिया।

दूसरे राउंड में बेकजोद ने डबल लेग अटैक पर बाज़ी पलट दी और वह मुक़ाबले में पहली बार 6–5 से आगे हो गये। आखिरी मिनट में बेकजोद ने सिंगल लेग अटैक किया, जिस पर खेतिक ने बेहतरीन बचाव से खतरा टाल दिया। दरअसल, खेतिक ने पैरों के बीच बड़ा फासला किया। बेकजोद पोज़ीशन ले चुके थे। वह उस समय उनके घुटने मैट पर लगाने के लिए जूझ रहे थे। आखिरकार वह उनके घुटने मैट पर लगाने में सफल रहे लेकिन तब तक निर्धारित छह मिनट समाप्त हो चुके थे। खेतिक को इस तरह से आखिरी क्षणों में अच्छे रक्षण का ईनाम मिला। इस जीत के साथ हरियाणा हैमर्स की टीम मुक़ाबले में 2–1 से आगे हो गई।

शुरू से आखिर तक रोमांच.. **प्रवीण के हाथ में आई जीत छीन ली जितेंद्र ने**

आख़िरी सेकंड में हुआ मुक़ाबले का फैसला

टीम	:	पंजाब रॉयल्स Vs वीर मराठा
मुक़ाबला	:	जितेन्द्र Vs प्रवीण राणा
फेज़ (चरण)	:	लीग
वजन	:	74 किलो
रेफरी	:	शिनयई जेयूंग
सीज़न	:	3
दिनांक	:	14 जनवरी, 2018

नरसिंह यादव और सुशील के बाद 74 किलो वर्ग में सबसे बड़ा आकर्षण जितेंद्र और प्रवीण राणा ही रहे हैं। दोनों के बीच कुश्तियां खासी चर्चित रही हैं। इन दोनों के मुक़ाबले का इस मायने में ज़्यादा महत्व था क्योंकि इसी मुक़ाबले से टाई तय होनी थी। जितेंद्र का नैशनल चैम्पियनशिप में ज़बर्दस्त दबदबा था और वह कॉमनवेल्थ चैम्पयनशिप और पुणे मेयर कप में भी गोल्ड जीत चुके थे। वहीं प्रवीण राणा कॉमनवेल्थ चैम्पयनशिप में सिल्वर मेडल जीतने के अलावा नैशनल चैम्पियनशिप में भी गोल्ड गंवा चुके थे। कुछ साल पहले उन्होंने डेव शुल्ज आमंत्रण टूर्नामेंट में ज़रूर गोल्ड मेडल हासिल किया था।

जितेंद्र और प्रवीण राणा के मुक़ाबले की सबसे बड़ी विशेषता यह थी कि प्रवीण राणा हमेशा शुरू में अटैक किया करते थे जबकि जितेंद्र बाद में न सिर्फ इन सबकी भरपाई किया करते थे बल्कि निर्णायक अंक भी हासिल किया करते थे। इस बार भी हमेशा की तरह प्रवीण राणा की शुरुआत धमाकेदार तरीके से हुई। 36वें सेकंड में प्रवीण ने धोबी पछाड़ पर जितेंद्र को डेंजर पोज़ीशन में गिराकर चार अंक हासिल किये। इसके बाद इनके मुक़ाबले का बड़ा भाग गर्दन की पकड़ पर केंद्रित हो गया। पहला राउंड

समाप्त होने से आठ सेकंड पहले जितेंद्र ने प्रवीण के बायें पैर पर पकड़ बनाने का प्रयास किया लेकिन प्रवीण ने अच्छे बचाव से खतरा टाल दिया।

दूसरे राउंड में प्रवीण ने रेफरी से अपील की कि जितेंद्र खतरनाक तरीके से उनके चेहरे पर प्रहार कर रहे हैं। चार मिनट 46 सेकंड पर प्रवीण को पैसिविटी दी गई लेकिन वह 30 सेकंड के इस समय में अंक नहीं बटोर पाये जिससे जितेंद्र को मुक़ाबले का पहला अंक हासिल करने का मौका मिल गया। आखिरी मिनट में जितेंद्र ने सिंगल लेग अटैक पर दो अंक हासिल किये। इस तरह स्कोर 3–4 हो गया। यह बेहद दिलचस्प लम्हा था क्योंकि एक ओर जहां दोनों पहलवानों में केवल एक अंक का फासला रह गया था, वहीं घड़ी की सुइयां भी तेज़ी से छह मिनट के निर्धारित समय की ओर दौड़ रही थीं। उस समय वीर मराठा की टयूनीशियाई खिलाड़ी मारवा आमरी और बेलारूस की वैसिलिसा मारज़ाल्यूक टकटकी लगाकर प्रवीण राणा की हौसला आफज़ाई कर रहीं थीं। छह मिनट पूरे होने में अभी 11 सेकंड बाकी थे कि जितेंद्र ने डबल लेग अटैक के साथ प्रवीण के दोनों घुटने मैट पर लगाने के लिए अपनी पूरी ताक़त झोंक दी और आखिरी सेकंड में उनके घुटने मैट पर लगाकर 6–4 से मुक़ाबला अपने नाम कर लिया। प्रवीण राणा और वीर मराठा के उनके साथी इस निर्णय से संतुष्ट नहीं थे। उन्होंने इस निर्णय के खिलाफ आपत्ति दर्ज की जिसे जूरी ने खारिज कर दिया। इस जीत के साथ पंजाब रॉयल्स 4–3 से यह मुक़ाबला जीतने में सफल हो गया। पंजाब रॉयल्स के लिए जितेंद्र से पहले इलियास बेकबुलातोव, पेट्राशिवली गेनो और उत्कर्ष काले ने अपने मुक़ाबले जीते थे।

ओलिम्पिक चैम्पियन ने हराया वर्ल्ड चैम्पियन को

टीम	:	मुम्बई महारथी Vs दिल्ली सुल्तांस
मुक़ाबला	:	सोसलान रामोनोव Vs अलीयेव हाजी
फेज़ (चरण)	:	लीग
वजन	:	65 किलो
रेफरी	:	वीरेन्द्र मलिक
सीज़न	:	3
दिनांक	:	9 जनवरी, 2018

ओलिम्पिक चैम्पियन को अपनी ज़मीं पर खेलते देखना किसी भी देश के खेल प्रेमियों के लिए गर्व की बात है लेकिन यदि उसके सामने लड़ने वाला खिलाड़ी वर्ल्ड चैम्पियन हो तो फिर तो कहने ही क्या। ऐसा सीज़न 3 के पहले ही दिन देखने को मिला। ओलिम्पिक चैम्पियन रूस के सोसलान रामोनोव मुम्बई महारथी टीम के सबसे बड़े आकर्षण थे जबकि वर्ल्ड चैम्पियन अज़रबेजान के अलीयेव हाजी दिल्ली सुल्तांस के सबसे बड़े आकर्षण थे। इसके अलावा रामोनोव वर्ल्ड मिलिट्री चैम्पियनशिप के भी गोल्ड मेडलिस्ट थे जबकि अलीयेव हाजी रियो ओलिम्पिक के ब्रॉन्ज़ मेडलिस्ट थे।

जब इन दोनों का मुक़ाबला शुरू हुआ तो उस समय तक मुम्बई की टीम इस मुक़ाबले में 4–2 की निर्णायक बढ़त बना चुकी थी। दिल्ली के लिए हाजी की जीत उसके लिए एक तरह से सम्मान की लड़ाई थी। तकरीबन डेढ़ मिनट तक दोनों पहलवान एक दूसरे की ताक़त को तोलते रहे और फिर उसके बाद हाजी ने डबल लेग अटैक का प्रयास किया। वह रामोनोव को रेड ज़ोन पर लेकर भी आये। मगर रामोनोव ने दोनों मौकों पर अच्छा बचाव करके खतरा

विपक्षी की गिरफ्त में आकर बचाव... **रामोनोव ने हाजी के खिलाफ यही किया**

टाल दिया। रामोनोव ने इसी दौरान एक जवाबी हमले पर सिंगल लेग अटैक से हाज़ी को ज़ोन से बाहर निकालकर मुक़ाबले का पहला अंक जुटा लिया।

तभी हाजी को एक्टिविटी टाइम दिया गया लेकिन रामोनोव का अनुभव यहां कारगर रहा। उन्होंने सिंगल लेग अटैक पर हाजी के दोनों घुटने मैट पर लगाकर दो अंक हासिल कर लिये। इस तरह वह 3–0 से आगे हो गये। तीन अंक गंवाने के साथ ही हाजी भी भला कहां हार मानने वाले थे। उन्होंने सिंगल लेग अटैक करके रामोनोव को उठाकर गिराया। वह उन्हें डेंजर पोज़ीशन में गिराकर चार अंक बटोरना चाहते थे लेकिन यहां भी रामोनोव का अनुभव काम आया और उन्होंने हाजी को केवल दो अंक ही लेने दिये। अब इन दोनों दिग्गजों के बीच अंतर केवल एक अंक का रह गया।

इन दो अंकों से उत्साहित होकर हाजी ने आखिरी क्षणों में एक डबल लेग अटैक किया और उनकी दोनों टांगों के बीच से सिर निकालकर अंक बटोरने की भरसक कोशिश की लेकिन रामोनोव ने इस नाजुक मौके पर अच्छे रक्षण का परिचय देने के साथ ही साबित कर दिया कि आखिर वह ओलिम्पिक चैम्पियन क्यों हैं।

वास्तव में रामोनोव का खेल देश की युवा पीढ़ी के लिए प्रेरक साबित हुआ। उनके इस मुक़ाबले से उन्हें यह सीख ज़रूर मिली होगी कि आखिर खतरनाक तरीके से फंसने पर अपना बचाव कैसे किया जाता है और शायद इससे अच्छा उदाहरण आपको शायद ही कहीं देखने को मिले। इस तरह से मुम्बई महारथी ने दिल्ली सुल्तांस के खिलाफ यह मुक़ाबला 5–2 से अपने नाम कर लिया।

नितिन को हराने के लिए संदीप को खूब पसीना बहाना पड़ा

बड़ा अंक लेने के आधार पर जीते संदीप तोमर

टीम	:	दिल्ली सुल्तांस Vs यूपी दंगल
मुक़ाबला	:	संदीप तोमर Vs नितिन राठी
फेज़ (चरण)	:	लीग
वजन	:	57 किलो
रेफरी	:	वीरेन्द्र मलिक
सीज़न	:	3
दिनांक	:	15 जनवरी, 2018

सीज़न 3 के सातवें दिन दिल्ली सुल्तांस और यूपी दंगल के बीच मुक़ाबला शुरू हुआ। दिल्ली की टीम अपने पहले दोनों मुक़ाबले हार चुकी थी जबकि यूपी दंगल की टीम ने अपने पहले दोनों मुक़ाबलों के प्रदर्शन से हर किसी को अपना मुरीद बना दिया था। उसने अपने पहले मुक़ाबले में पिछले चैम्पियन पंजाब रॉयल्स को हराकर एक बड़ा उलटफेर किया जबकि दूसरे मुक़ाबले में उसने सीज़न 1 की चैम्पियन मुम्बई महारथी को हराकर यह साबित कर दिया कि पहले मुक़ाबले की उसकी जीत कोई तुक्का नहीं थी।

दिल्ली–यूपी मुक़ाबले में सबकी निगाहें संदीप तोमर और नितिन राठी पर टिकी हुई थीं। संदीप दिल्ली टीम से थे जो 2016 के एशियाई चैम्पियन होने के साथ ही ओलिम्पियन भी थे जबकि उपलब्धियों के मामले में नितिन के नाम पुणे मेयर अंतरराष्ट्रीय कप और 2013 की राष्ट्रीय चैम्पियनशिप का सिल्वर मेडल था। संदीप के पक्ष में एक बात यह जा रही थी कि सीज़न 1 में उन्होंने संदीप तोमर को हराकर सबको चौंकाया था।

मुक़ाबला शुरू होने के दूसरे मिनट में संदीप ने नितिन को ज़ोन से बाहर करके पहला अंक जुटाया। जब दूसरा मिनट समाप्ति की ओर था तो संदीप ने अपनी पसंदीदा थंडर तकनीक पर नितिन को डेंजर पोज़ीशन में गिराकर चार अंक हासिल किये। उस समय लग रहा था कि संदीप एकतरफा अंदाज़ में यह मुक़ाबला अपने पक्ष में कर लेंगे क्योंकि मध्यांतर तक वह 5–0 की अहम बढ़त बना चुके थे।

दूसरे राउंड में संदीप तोमर ने दो अंक जुटाकर अंतर को कम किया लेकिन अगले ही मिनट में संदीप ने नितिन को मुक़ाबले में दूसरी बार बाहर निकालकर 6–2 की बढ़त बना ली। उस समय बजरंग अपने गुरु भाई नितिन की हौसला आफज़ाई कर रहे थे। मगर संदीप का आक्रामक रवैया जारी रहा। उन्होंने नितिन को कमर से पकड़कर उनका संतुलन बिगाड़ा और दो अंक हासिल करके अपनी कुल बढ़त को 8–2 कर दिया।

नितिन भी भला इतनी आसानी से हार मानने वाले नहीं थे। उन्होंने इस बार वही किया जो संदीप ने किया था। यानी उनका संतुलन बिगाड़कर पहले दो अंक जुटाये और फिर रेड ज़ोन पर खेमे पोज़ीशन पर दो और अंक जुटाकर स्कोर को 6–8 कर दिया। नितिन हर कीमत पर यह मुक़ाबला जीतना चाहते थे। उनके आक्रामक तेवर जारी रहे। उन्होंने संदीप को चार–पांच फुट पीछे धकेलकर गिराया और पोज़ीशन लेकर दो अंक हासिल करके स्कोर को 8–8 से बराबर कर दिया। आखिरी क्षणों में नितिन ने संदीप को गर्दन से पकड़कर गिराया लेकिन संदीप गिरने के साथ ही उठ गये। उस पर नितिन ने अंक की मांग की लेकिन उन्हें इस पर अंक नहीं दिया गया। संदीप को चार अंक की तकनीक का इस्तेमाल करने की वजह से विजयी घोषित किया गया। इस तरह से नितिन वैसा परिणाम नहीं दे पाये जो उन्होंने पहले सीज़न में संदीप के खिलाफ दिया था। वहीं संदीप ने अपने अनुभव का अच्छा इस्तेमाल करके मुक़ाबले को अपने पक्ष में किया।

उत्कर्ष ने पिछड़ने के बाद बाज़ी मारी

टीम	: दिल्ली सुल्तांस Vs यूपी दंगल
मुक़ाबला	: उत्कर्ष काले Vs सरवन
फेज़ (चरण)	: लीग
वजन	: 57 किलो
रेफरी	: पावलिना
सीज़न	: 3
दिनांक	: 14 जनवरी, 2018

मुक़ाबले में पिछड़ने के बाद कैसे वापिस आया जाता है, इसकी मिसाल उत्कर्ष काले और सरवन के बीच मुक़ाबला था। उत्कर्ष नैशनल चैम्पियन थे जबकि सरवन नैशनल चैम्पियनशिप के सिल्वर मेडलिस्ट। सरवन को इस वर्ग की नई सनसनी कहा जा रहा था क्योंकि वह एशियाई जूनियर कुश्ती में गोल्ड मेडल जीत चुके थे और सीनियर में उतरकर डान कोलोव आमंत्रण कुश्ती मुक़ाबले में भी वह मेडल राउंड तक पहुंचे थे।

लीग में बॉलीवुड और क्रिकेटरों की मौजूदगी आकर्षण का केंद्र रही। इस मुक़ाबले का लुत्फ उठाने के लिए बॉलीवुड के कलाकार चंकी पांडे मौजूद थे, जो लगातार तकनीक का इस्तेमाल करने पर पहलवानों की हौसला आफज़ाई कर रहे थे। शुरू में ही सरवन ने मुक़ाबले में एक अंक जुटा लिया लेकिन पहले मिनट की समाप्ति पर ही उत्कर्ष स्कोर बराबर कर पाये। उन्होंने स्टैंडिंग पोज़ीशन में बैक साल्तो की पकड़ ज़ोन के पास बनाई लेकिन सरवन ने इस मौके पर अच्छा बचाव करके बड़ा खतरा टाल दिया लेकिन वह अपने पांव को ज़ोन से बाहर जाने से रोक नहीं पाये, जिससे स्कोर 1–1 से बराबर हो गया। इसके बाद सरवन ने डबल लेग अटैक पर ज़ोन के करीब फीतले

पलट दी बाजी... उत्कर्ष काले ने सरवन के खिलाफ पिछड़ने के बाद बाज़ी पलट दी

की पोज़ीशन बनाई लेकिन उत्कर्ष इस बार बाहर चले गये जिससे सरवन को मुक़ाबले में दूसरी बार बढ़त बनाने का मौका मिल गया लेकिन मुक़ाबले की रेफरी पावलिना ने पाया कि उनके दोनों घुटने पहले ही मैट को छू चुके हैं इसलिए उन्होंने सरवन के ज़ोन से बाहर निकलने के प्रयास पर उन्हें ग्राउंड पोज़ीशन देने के बजाय उत्कर्ष के पक्ष में दो अंक देने का फैसला किया, जिससे उत्कर्ष 3–1 से आगे हो गये। इसके बाद उत्कर्ष लेग अटैक करने के प्रयास करते गये लेकिन सरवन अच्छी सूझबूझ का परिचय देते हुए उन्हें रोके रहे। इसके बाद पैसिविटी पर सरवन को एक अंक हासिल हुआ और स्कोर सरवन के पक्ष में 4–1 हो गया।

जब मुक़ाबले के साढ़े चार मिनट खत्म हो चुके थे तो उत्कर्ष ने सरवन को ग्राउंड पोज़ीशन से गिराया और साइड से निकलकर दो अंक हासिल करके मुक़ाबले को रोमांचक बना दिया। उस समय दोनों पहलवानों के बीच फासला केवल एक अंक का था। छठे और आखिरी मिनट में सरवन ने खेमे पोज़ीशन में उत्कर्ष को दबोचने का प्रयास किया और वहीं उत्कर्ष ने जवाबी हमले के साथ पीछे आकर निर्णायक दो अंक हासिल कर लिये। इस तरह उत्कर्ष यह मुक़ाबला 5–4 से जीतने में सफल रहे। बड़ी बात यह थी कि उन्होंने यह मुक़ाबला 1–4 से पिछड़ने के बाद जीता। दर्शकों ने खूब तालियां बजाकर उनका अभिनंदन किया।

इन दोनों के मुक़ाबले से पहले पंजाब और वीर मराठा के बीच स्कोर 2–2 से बराबरी पर था। पंजाब के लिए इलियास और पेट्राशिवली गेनो ने अपने मुक़ाबले जीते थे जबकि वीर मराठा के लिए मारवा आमरी और वैसिलिसा ने मुक़ाबले अपने नाम किये थे। इस तरह उत्कर्ष काले के रूप में पहला भारतीय मुक़ाबले में बाज़ी मारने में सफल रहा।